놀이가
아이를 바꾼다

놀이가
아이를 바꾼다

김민아 / 김차명 / 김청연
이영애 / 이희원 / 지정우 지음

 시사일본어사

사진제공 : 순천시

추천의 글

'놀이'하는 인간만이
자신의 '꿈'을 꾼다

이정수
(서대문구립이진아기념도서관 관장)

오늘도 우리 도서관에 동네 어린이집 꼬마들이 견학을 왔다. 녀석들은 친구 손을 잡고 재잘거리며 도서관을 한 바퀴 돌아본 후 이야기 할머니가 들려주는 전래동화를 듣거나, 사서 선생님과 책놀이를 한다. 책놀이가 끝나면 도서관 앞마당에서 즐겁게 뛰어논다. 친구들과 자유롭게 뛰어다니며 신나게 놀 수 있어 가장 즐거운 시간이다. 파란 하늘에 아이들의 행복한 웃음소리가 퍼져나가는 모습을 보노라면 나 또한 덩달아 행복해진다.

내가 어렸을 때는 '공공도서관'이라는 단어조차 몰랐다. 대신 동네 골목에 단독주택이 나란히 있어 집집마다 아이들이 골목으로 나와서 뛰어놀았다. 딱지치기, 구슬치기, 사방치기도 하고, 소꿉놀이도 하며 해가 질 때까지 온 동네를 돌아다녔다. 놀다가 어느 집에 모여 간식도 먹고 숙제도 하며 모르는 것을 서로 물어보고 답을 찾아갔다. 한 집에 형제자매도 많았지만, 한 골목에 사는 아이들은 모두 언니, 형, 동생이 되어 함께 놀고, 함께 숙제하는 것이 일상이었다.

지금은 동네마다 아파트나 빌라가 들어서는 바람에 골목도 사라졌고, 집집마다 아이들도 하나, 둘밖에 낳지 않는다. 적게 나아 잘 키워야 하니 영유아 시절부터 영재교육, 조기교육, 창의성 교육 등을 가르치고, 어린이집, 유치원에 등원하여 잘 짜인 교육과정을 소화하며 하루를 보내곤 한다. 아이들의 독서를 위해 도서관도 열심히 데리고 다니지만 초등학교 3학년생부터 '공부를 해야' 해서 점점 도서관을 멀리한다.

경쟁 구도의 교육 환경에서 소중한 내 아이를 잘 키우고 싶은 부모의 욕심은 아이들에게서 '즐겁게 노는 것'과 '놀면서 하는 공부'를 빼앗았다. 남들보다 좋은 성적을 내야 하고, 국제화시대에 외국어도 잘해야 하고 피아노나 태권도 등도 웬만큼은 해야 한다. 그 결과 방과 후 오후 시간에 놀이터에서 노는 아이는 드물고, 아이들은 학원에 가서야 친구를 만날 수 있게 되었다.

내가 어렸을 때는 심심하면 함께 놀 사람을 찾아 나서기도 했고, 놀 거리를 만들기도 했다. 놀면서 스스로 규칙을 만들었고, 친구도 사귀었다. 그에 비해 요즘 우리 아이들의 삶은 심심할 틈이 없어 놀면서 친구와 협동하는 것을 배우고, 스스로 규칙을 만들어가고, 모르는 것을 함께 알아가는 과정이 생략되었다. 하나라도 많은 지식을 외우고, 더 빨리 배워서 친구를 제치고 앞서야 한다. 이런 '팔꿈치' 교육 구조에서 남들보다 나은 스펙을 쌓아 성공적으로 사회에 나오게 되면, 사회는 비로소 창의성을 요구하고 통섭과 융합을 외치고, 동료와의 협업을 강조하고 있다.

교육은 경쟁을 요구했지만, 사회는 협업을 요구한다. 이미 정해진 답을 요구하는 교육에 익숙한 사람이 창의적인 성과물을 요구하는 직장생활을 잘 할 수 있을 것인가? 이런 모순은 얼마나 사람을 혼란스럽게 할 것인가? 어떤 사람들은 이러한 상황을 극복하기 위한 하나의 해결 방법으로 도서관을 찾는다. 책을 읽고, 인문학 공부를 하며 자신의 삶을 성찰하고 스스로 주체적인 삶을 살기 위해 노력한다. 뒤늦게 진짜 공부를 시작하는 것이다.

'놀이'하는 인간만이 자신의 꿈을 꿀 수 있다. 무언가를 위해 억지로 노는 것은 노는 것이 아니다. 놀이는 항상, 스스로 하는 것이며 제대로 놀 수 있는 놀이터가 있어야 한다. 아이들이 맘껏 뛰놀 수 있는 안전한 놀이터, 자신만의 꿈을 그릴 수 있는 그 놀이터로 아이들을 불러야 한다. 그 놀이터의 하나로 공공도서관은 어떨까.

공공도서관은 누구에게도 무엇을 할지 묻거나 강요하지 않는다. 도서관은 스스로 책을 읽고, 읽으면서 생긴 질문에 대한 답을 스스로 찾는 곳이다. 누구나 맘껏 읽을 수 있는 책과 다함께 즐기는 독서·문화 프로그램이 널려 있다. 엄숙하고, 조용한 공부방에서 벗어나 역동적이고 활기찬 문화 놀이터로 탈바꿈하고 있다.

그런 의미에서 '놀이'에 대해 제대로 알려주고, 놀이와 문화공간으로서의 '놀이터'를 생각해볼 수 있는 이 책은 참으로 의미있고 소중한 책이다. 특히 학부모들이 많이 읽었으면 좋겠다. 세상의 모든 엄마 아빠는 자식의 행복을 바란다. 이제 우리 아이들에게 '놀이'를 돌려주고, 정신과 육체가 모두 건강하고 행복한 사람으로 길러냈으면 하는 바람이다. 그래야 우리 사회도 건강하게 행복해질 테니까 말이다.

차 례

추천의 글

'놀이'하는 인간만이 자신의 '꿈'을 꾼다
이정수(서대문구립이진아기념도서관 관장)　　　　　　　　　　　　　05

★ 놀이는 왜 인권일 수밖에 없는가　김민아　　　　　　　　　　　11

★ 우리 아이들에게 학교 놀이터를 돌려주자!　김차명　　　　　　27

★ 잘 노는 아이 한 명 키우려면 온 나라가 필요하다　김청연　　　45

★ 놀이를 통해 아이들은 아픔을 치유한다 - 놀이와 놀이 치료　이영애 63

★ 순천시 기적의 놀이터 기획에서 완공, 앞으로의 계획까지　이희원 87

★ 어린이에게 '놀이터'라는 사건
　- 함께 성장할 놀이터 짓기를 생각하는 한 건축가의 제언　지정우 109

놀이는
왜
인권일 수밖에
없는가

김민아

김
민
아

매일 놀다 지쳐 잠들고 싶어한다. 국가인권위원회에서 인권영화를 기획하고 있으며 지은 책으로는 《아픈 몸 더 아픈 차별》, 《엄마 없다》, 《인권은 대학가서 누리라고요》 가 있고, 공저로 《영화, 사회복지를 만나다》, 《별별차별》 이 있다

"어린이는 비로소 인간이 되는 것이 아니다.
이미 하나의 인간이다."
― 야누슈 코르착

혜준이와 진이는 열두 살 동갑내기다. 둘이서 놀고 있으면 남동생인 영준이와 준호가 어느 결에 놀이에 스며든다. 아이들은 몸 안에서 터져 나오는 기운을 어쩌지 못한다. 이렇게 표현해도 괜찮다면 꼭 변화무쌍한 계절 같다. 환호성을 지르며 공 하나를 골대로 몰아갈 때는 겨울을 제치고 달려오는 봄 같고, 속사포 끝 말을 이어갈 때는 한여름 소나기 같다. 어느 날은 가을 들녘 같은 얼굴로 엎드린 채 서로의 눈을 들여다보고 있다. 혜준이가 공주와 요괴가 등장하는 이야기를 써 내려가면 진이는 빈자리에 삽화를 그려 넣는다. 누나들이 그렇게 노는 동안 동생들은 옆에서 뛰어논다. 내 이웃인 이 아이들의 놀이를 지켜본 지도 어느 새 7년. 그 사이 아이들은 키가 컸고 몸무게가 늘었다. 그 사이 정말 그것만 늘어났을까.

그 많던 '놀이'는 다 어디로 갔을까?

아이들은 주변에 단 하나의 물건만 있어도 그것으로 놀았다. 펜이 보이면 어디에든 상관없이 그림을 그리고, 가느다란 줄이 있으면 실뜨기를 하고, 굴러다니는 작은 돌을 모아 공기놀이를 했다. 놀만한 게 없으면 상의를 뒤집고 쓰고 귀신놀이를 하고, 한쪽 양말 안에 다른 쪽 양말을 넣어 오자미를 만들어 던졌다. 그마저도 없으면 손으로 때로는 발로 가위, 바위, 보를 하고, 그림자 지는 곳을 찾아 온 몸으로 형상을 만들어 자기 몸으로 놀았다. 뭔가를 만들면 반드시 상대방에게 보여주고 "이거 어때?" 하고 물었다. 자신을 표현하고 상대방의 의견을 듣는 태도가 그렇게 몸에 붙기 시작했다.

  몸을 더 크게 움직여 놀고 싶을 땐 숨바꼭질을 했다. 절대 찾을 수 없는 곳에 숨으려 하지만 오래 같이 어울려서 친구가 숨을 만한 곳을 익히 아는 아이는 잘도 찾아냈다. 어찌 그리 잘 알까 궁금했는데 더 오래 들여다보면서 알았다. 아이들은 늘 서로의 얼굴을 보고 논다는 걸. 얼굴에는 감정이 드러난다. 아이들은 그걸 읽고 느낀다. 한 아이가 놀이의 흥미를 잃으면 그 놀이는 곧장 끝나고 마는 까닭이다. 폴란드의 교육자이자 아동문학가인 야누슈 코르착은 이것을 "감정이라면 아이가 어른보다 더 강하게 느낀다. 아직 아이는 억제하는 법을 익히지 않았기 때문이다"라고 표현했다.

  진이는 준호가 주저하는 징검다리 앞에서는 동생의 손을 잡고 신중하게 앞서 건넜다. 준호는 누나를 전심으로 믿는다. 타인을 돌보고 보살피는 몸의 감각과 세상을 향한 믿음은 이때 싹튼다. 열심히 놀아서 허기진 아이들은 자주 배가 고프다. 각자의 것을 먹기도 하고 바구니에 담겨 나온 음식을 나눠먹기도 한다. 음식을 두고 순전히 재미있자고 게임도 한다. 지고나면 분한 마음에 울 때도 있지만 돌아서면 또 금세 언제 그랬냐는 듯 헤헤거린다.

먹을 것이 눈앞에서 사라진 지 오래기 때문이다.

친밀한 또래들 사이에는 반드시 생기는 게 있다. 비밀과 비밀 준수의 의무다. 귀엣말은 보통 이렇게 시작된다. "너한테만 하는 말인데…", "꼭 너만 알고 있어야 돼." 비밀은 관계를 돈독히 만드는 접착제 구실도 하지만 뭇사람들로부터 상대를 보호하고 지켜낼 책임도 지운다. 의무를 기꺼이 지는 아이들은 상대의 틈이자 공간으로서의 프라이버시를 이해하고 인정하는 사람이 되어 간다.

어느 날 혜준이에게도 진이의 틈과 공간을 이해해야만 할 사건이 생겼다. 멀리서 달려오던 혜준이는 진이가 혼자 있는 걸 보고 한달음에 달려와 "놀자"고 말했다. 뛰어오느라 얼굴이 발갛게 달아오른 혜준이를 물끄러미 바라보던 진이는 말했다. "나 좀 혼자 있고 싶어." 지금도 혜준이의 표정을 잊을 수 없다. 혜준이는 진이를 도저히 이해할 수 없다는 듯 울상이 되더니 엄마 품에 안겨 엉엉 울었다. "엄마, 진이는 도대체 왜 혼자 있고 싶다는 거야?" 진이와 혜준이 아홉 살 되던 해의 일이다.

한국어 사전에는 고독이 '홀로 있는 듯이 외롭고 쓸쓸하다'고 풀이돼 있지만 독일어 사전에서의 '고독(Einsamkeit)'은 '홀로 있어 고요함'이다. 진이는 혜준이보다 조금 이르게 고요한 세계의 문을 연 것뿐이다. 홀로 있어 호젓하고, 함께 있어 가득한 세계의 리듬을 아이들은 친구를 바라보며 배운다. 한 줄로 말하면 아이들은 시간이 키운다. 이때의 시간은 존재가 방황하고 유랑하면서 몸소 겪는 모든 것을 아우른다. 인간이 재미와 즐거움을 얻기 위해 행하는 모든 활동이자, 환경에 적응하는 행위가 놀이라면 아이들 아니 세상 모든 이들은 지구라는 별에 놀기 위해 왔다. 놀잇감과 재미는 저마다 다르기에 우리는 실상 누가 무엇으로 인해 즐거움을 느끼는지 제대로 알지 못한다. 누가 누구더러 그 놀이는 아니라고 할 수 없고 놀이는 어떤 것이어야만 한다고 규정할 수 없는 이유다. 그러나 종종 어른들은 아이들의 시간을 자신들의 것인 양 틀어쥐고 내주지 않는다. 놀이와 시간을 저당 잡힌 아이들은 모두 어디에 있는 걸까?

배움과 놀이 사이

아이들은 마음껏 놀아야 한다고 하면 부모는 요즘 애들은 놀 친구가 없는데 누구랑 놀아야 하느냐고 반문한다. 집집마다 많아야 둘 아니면 하나이고 둘인 집도 각기 학원에 다니느라 놀 형제나 친구는커녕 시간 자체가 없다는 것이다. 왜 그렇게 어릴 때부터 여러 학원을 보내야 하냐고 물으면, 모두가 다니고 있고 우리 아이만 뒤처지게 할 수 없어서란다. 다른 이유로는 모든 배움에는 다 때가 있다는 것이다. 유치원과 초등학교에서 배울 과정이 다르고 중고등학교에서 배우는 내용이 다르기 때문에 '때'를 놓치면 따라갈 수 없다는 것이다. 배움에는 시기가 있고 엄격한 배움이 아니고서는 열등한 존재가 되리라는 의식은 언제부터 형성된 걸까.

≪아동의 탄생≫의 저자 필립 아리에스에 따르면 아동이라는 말은 역사적 개념어로서 근대의 발명품이다. 중세에는 아동기에 대한 인식 자체가 없었으며 아동에 대한 특별한 감정도 없었다. 당시의 그림을 보면 아이들은 어른의 모습, 즉 축소된 어른으로 그려질 정도로 아이들의 독자성에 대한 의식이 없고, 아이들은 그저 어른과 함께 놀고 노동하는 존재였다. 어른의 음식을 함께 먹고 어른과 똑같은 것을 읽었다. 지금과 같은 아동도서의 분류는 따라서 생각하기 어려웠다. 그러다 16~17세기에 학교가 발달하면서 아동 교육에 대한 부모들의 관심이 커지기 시작했다.

≪아동의 탄생≫의 한 부분을 보자.

"가족과 학교는 어른들의 세계로부터 아이들을 분리시켰다. 학교는 아동기를 점점 더 엄격해진 규율 체제 속에 가두었다. 가족, 교회, 도덕론자들, 행정가들의 지나친 관심은 아이가 어른들 사이에서 향유했던 자유를 박탈하고 학교는 아이들에게 매질과 투옥, 체벌을 가했다. 그러한 엄격함은 예전의 무관심과는 다른 감정의 형태를 띠게 되는데 그것이 바로 18세기부터 사회를 지배하게 된 강박적 사랑이다."

어른들의 지나친 사랑은 아이들의 시간을 빼앗고 자신들도 시간의 노예가 되었다. 머무는 공간이 어디든 감옥으로 만들고 아동의 시간을 관리하는 교도관도 자처했다. 그것이 부모 된 도리라고 굳게 믿으면서.

고등학생 은미는 어릴 적 친구 이야기를 들려주었다. 은미에게는 학습 능력이 뛰어나 아주 어릴 때부터 영재 반에 들어간 친구가 있었다. 시험만 치면 늘 만점을 받아왔기에 주변의 기대는 날로 커졌다. 그러다 과도한 공부에 체했는지 친구는 그때부터 차츰 흥미를 잃더니 게임에 몰두하기 시작했다. 공부라는 말만 나와도 치를 떨었다. 은미는 그의 부모가 너무 어렸을 때 친구를 빚쟁이처럼 독촉한 결과라면서 그에 비하면 자신은 운이 좋은 경우라고 했다. 은미는 어린 시절 친구들과 실컷 놀았다. 어른들은 미니홈피며 페이스북을 만들며 논다지만 은미와 친구들은 너무 어려서 인터넷 사이트를 만들진 못하니 공책을 미니홈피처럼 만들어 교환노트로 주고받았다. 공책 주인이 관리자 역할을 한 셈인데 노트에 알록달록 그리고 써내려가는 재미가 컸다고 한다. 친구들이 모두 학원에 가버리면 은미는 혼자서 그림을 그렸다. 은미는 그림을 더 잘 그리고 싶어서 학원에 가고 싶지는 않았다. 오히려 친구들 모두가 학원에 질리고 지쳐 있을 때쯤 슬슬 학원이란 곳에 가고 싶어졌다. 더 큰 세상을 만나기 위해 영어만은 배우고 싶었던 것이다. 자신이 원하는 시기에, 알고 싶어서 하는 공부는 즐거웠다. 그래선지 은미는 영어를 좋아하고 잘한다. 고등학생이 되고 보니 할 일이 너무 많아져 이제는 예전만큼 가벼운 마음으로 놀지 못한다는 은미는 지금은 아무것도 안 하고 그저 가만히 누워 있는 게 놀이라고 했다. 하지만 편안함도 잠시, 몸을 뒤척이면 머릿속에 모의고사며 해야 할 숙제 생각이 끊이지 않는다. 어른들이 정신적으로 피곤하다는 게 무얼 의미하는지 절감했다. 그럼에도 놀 때는 무얼 하고 시간을 보내느냐고 묻자 시험이 끝나고서야 친구들과 노래방에 간단다. 두세 시간씩 고성을 지르는 노래는 노래라기보다 화난 사람이 악쓰는, 일종의 스트레스 해소지만 그래도 무척 즐겁다고 했다. 은미는 다른 놀이는 떠올리지 못했다. 나는 조명이 어둡고 환기가 잘 되지 않는 좁은 방에서 온몸으로 절규하는 아이들을 떠올렸다. 은미는 지금의 무미건조하고 재미없는 시간을 버티는 힘은 그나마 어린 시절에 실컷 놀았던 기억에서 나온다고 말했다. 은미의 그 말은 열여덟 살 소녀의 말이 아니라 아주 오래 살아온 사람의 인생 회고 같았다. 나는 순간 혜준이와 진이를 떠올렸다. 이 아이들도 중고등학생이 되면 고작 4~5년 전의 일을 나이 든 사람처럼 이야기할까.

놀이를 지키는 일은 사람을 돌보는 일

모든 사람은 휴식하고 여가를 즐길 권리가 있다. 여기에는 노동시간을 적절한 수준으로 제한할 권리와 정기적인 유급휴가를 받을 권리가 포함된다. 이 문장은 세계인권선언 제24조로 근본적으로는 노동자의 권리를 명시한 조항이지만 직장인들도 때가 되면 나서는 직장을 퇴근 시간도 없이 책상에만 붙들려 있어야 하는 '공부 노동자' 아이들의 인권을 보호해야 한다는 선언이라 해도 무방하다.

대학에만 가면 지긋지긋한 공부에서 해방될 것 같아도 이내 자격증 시험, 취업 시험이 줄줄이 기다리고 있다. 바늘구멍을 뚫고 직장 문을 여니 인턴이나 계약직이란다. 이 견고한 신분제에서 언제 벗어날 수 있을지 알 수 없기에 이 밧줄마저도 놓칠까 불안하기만 하다. 결국엔 어떤 조건이라도 상관없으니 일할 수 있게만 해달라고 부탁하는 지경에 이른다.

휴식의 영어 표현 'rest'에는 "고된 노동을 한 다음 창조주 앞에서 경건하게 자신을 되돌아보는 시간을 보낸다"는 의미가 담겨 있다. 말의 뜻이 삶으로 스며들지 못하는 사회에서 열심히 일했으니 법으로도 규정된 휴식권을 보장하라고 주장할 수 있을까. 사정은 아동도 다르지 않다. "아동은 여가를 즐기고 놀이와 문화적 예술적 활동에 참여할 권리를 가지고 있다"는 아동권리협약 제31조 역시 어른들이 현재 아동의 놀 권리를 심각하게 침해하고 있다는 다른 표현이다. 출구 없는 아이들의 일상은 비상구 없는 건물처럼 위태로워 도처에서 위험 경보가 울린다.

아이들은 싸우면서 큰다는 표현은 애정 어린 옛말이 되었다.

다툰 후 서먹한 마음에 한동안 눈치도 보았지만 서로 부대끼는 수준이었을 뿐 힘겨루기는 오래가지 못했다. 얼른 화해하고 다시 놀고 싶었으니까. 하지만 언제부턴가 아이들이 잔인한 폭력의 가해자로 등장하는 뉴스가 넘쳐난다. 어떤 아이들의 가해의 양상은 어른들의 그것을 뛰어넘기도 한다. 중재자나 교육자를 자처하는 이들은 사라졌고 누구도 이 아이들을 돌보려 하지 않는다. 되레 '문제아들'을 학교 밖으로 간단히 밀어낸다. 아이들은 세상을 등지거나, 세상을 향해 독기를 품었다. 어떤 아이들은 태어날 때부터 잔인한 걸까 아니면 순수하게 잔혹해지는 걸까, 반문하는 어른들만 늘어났다. 그러나 서로를 거울처럼 들여다보며 닮아가려는 인간 세상에서 아이들 스스로, 창의적으로 잔인해질 수는 없다. 잔인함이 목적이 아니라면 몸을 써서 노는 일은 상대를 껴안을 수는 있어도 상대를 해칠 수 없다. 욕설을 듣고, 두드려 맞아서 기분이 좋아졌다는 아이들은 본 적이 없듯, 온기가 넘치는 격려와 사랑의 언어와 포옹이 사람을 병들게 했다는 말도 들어본 적이 없다. 도대체 우리는 지금 어떤 사회를 살아가고 있는 걸까. "만약 아이들이 병들었다면 아이들이 마음껏 놀지 못한 것에 대한 복수"라는 에리히 프롬의 말처럼 한 아이가 지금 잔인하다면 그는 지금 마음껏 놀지 못한 혹은 제대로 돌봄을 받지 못한 복수를 세상에 하고 있는 건 아닐까. 연약한 지체인 아이들이 이대로 방치하면 온몸이 병들어 더는 손쓸 수 없는 지경에 처할 거라고, 있는 힘을 다해 애타게 부르짖는 일종의 징후가 아닐까.

한 사람이 지키려는 양심과 종교적 교리, 지키고 싶은 가치는 그가 몸담은 사회를 떠나 설명하기 어렵다. 이성과 양심을 지닌 존재로서의 사람은 서로를 동포의 정신으로 대해야 한다고 배우지만 배움으로써의 지식이 세상을 구원할 수 없음을 우리는 매일 확인한다. 여전히 인종, 피부색, 성, 언어, 종교, 정치적 의견, 출신 지역, 국가에 따라 사람들은 편을 가르고 박해한다. 한 국가가 다른 국가를 침략하고 지배하는 국제뉴스는 이제 날씨 정보처럼 건조하게 전파를 탄다. "모두 잘 노는데 왜 굳이 한 명만 '따'시켜야 해요?" 친구들 중에 따돌림을 당해 속상해하는 친구는 없는가를 물었을 때 열다섯 살 재윤이는 이렇게 말했다. 무심한 대답에 머쓱해진 나는 급기야 재윤이의 마지막 말에는 감탄하고 말았다. "왕따는 촌스러워요." 맞다. 한 사람을 무리에서 찍어내 달리 대우하는 일이 촌스럽기 그지없는 일임은 중학생도 안다. 어울려 모두 잘 노는 사람들 사이에 '따'는 낄 자리가 없다.

그런데도 어른들의 세계에서는 촌스러운 그 일을 한다.

전쟁보다 평화의 시기가 짧았다는 인류, 가깝게는 20세기에 두 차례의 세계 대전 그리고 크고 작은 내전을 거치며 우리는 끝도 없이 추락하는 인간성을 목도하고 아파했다. 그 무시무시한 터널을 다 빠져나왔다 여겼지만 지금도 어딘가에는 여전히 사람이 사람을 노예로 삼고, 아무 때고 체포하고, 어디로든 추방하며 무소불위의 권력을 휘두른다. 먼 나라 이야기를 하지 않더라도 광화문 네거리에는 사회 정의를 외치는 개인과 무리의 시위와 집회가 끊이지 않는다. 이들은 헌법에 보장된 표현의 자유에 근거해 거리에 나섰지만 종종 공권력은 그들의 피켓을 빼앗고 몸을 밀친다. 부정의와 부조리가 횡행하는 사회에서 어른들은 아이들에게 그래도 너희들만은 정의로워야 한다고 말할 수 있을까.

아이들이 바로 눈앞에서 짜릿함을 느끼며 놀아도 어른들은 그게 무엇인지 모르고 어느 때는 실소를 금치 못한다. 바닷물이 들이치면 짓고 있는 저 모래 탑과 집들은 무너질 텐데 무얼 저리 열심일까 의아해하면서 말이다. 어린 시절 누구나 한 번쯤은 지어봤을 모래성. 흙으로 만든 그 성은 짓고 허물 때 값없었다. 몰입해서 지었는데 물이 밀려와 허물어져버리면 어이없어 웃기도 하고 아까워서 울기도 했지만 그뿐, 어떤 아이도 허물어진 모래성이 안타까워 밤새도록 울지 않았다. 그처럼 흠뻑 빠져서 놀다가도 미련 없이 떠나는 홀연한 감각이 아이들에게는 살아 숨쉰다. 이미 가졌으나 더 갖고 싶은 어른들만이 모래성 같은 물질에 온통 마음을 빼앗기고 애달파한다. 바닷가에서 너무 멀리 떠나와 버린 어른들은 이제 어찌해야 할까. 몸의 지체가 아프면 몸 전체가 아픔을 느끼듯 아이와 어른은 연결돼 있고 연결된 우리는 하나의 세계다. 건강한 놀이와 놀이에 대한 감각을 잃어버린 어른들이 세계 안의 아이들을 어떻게 파괴하고 병들게 만들었는지는 이미 알고 있다. 놀이는 아이들만의 것이 아닌 생명 있는 모든 이의 것이다. 따라서 놀이를 지키는 일은 사람을 돌보는 일이다. 이것이 인권이다.

먼저 깊이 잠들어버린 자기 안의 어린 아이를 흔들어 깨우는 일부터 시작해보자. 아이들이 노는 순간을 찬찬히 지켜보고 때로는 섞여 놀자. 그러면서 자주 실없이 웃자. 아이들과 어울려 노는 것만으로도 우리는 아이들의 타고난 생명과 건강하게 자랄 권리를 존중할 수 있다. ●

우리 아이들에게 학교 놀이터를 돌려주자!

김차명

김차명(경기 정왕초등학교 교사)

전국 단위 교육콘텐츠 제작 교사모임인 '참쌤의 콘텐츠 스쿨'의 운영자이며 우리나라 최대의 초등교사 온라인 커뮤니티 '인디스쿨'에서 웹디자이너로 봉사하고 있다. 경인교육대학교에서 예비교사들을 가르치고 있고 초등 아이스크림 원격교육연수원, 티처빌 원격교육연수원에서 원격연수 강의를 개설하였다. 선생님들의 이야기를 만화로 꾸민 《참쌤의 교사동감》 저자이다.

성숙이란 어릴 때 놀이에
열중하던 진지함을 다시 발견하는 데 있다.

―프리드리히 니체

내가
초등학생이었던
90년대 초반만
하더라도,

학교놀이터가 유일한
놀이장소였다.

물론,

기존 놀이기구들의
사용법과는
상관없이
전혀 다르게
창의적으로 놀았다.

지금처럼 안전
장비가
잘 되어 있지 않아서
자주 다치곤 했지만

그야말로 밤새 놀았다.
놀이터는 **힐링의 장소**이자,
동네 친구들과의 네트워크를
형성하는 장소였다.

그러다가
90년대 초중반 오락실,

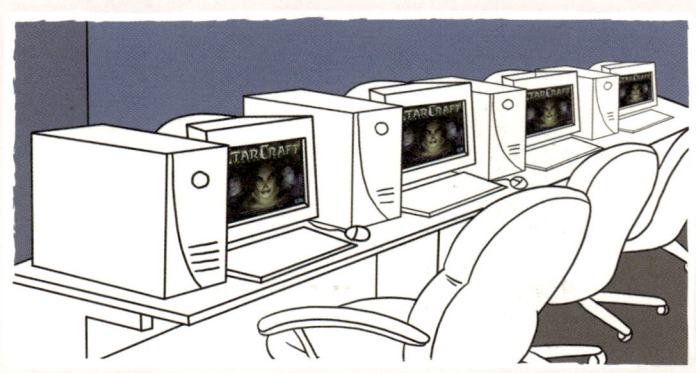

90년대 후반
PC방 열풍이 불고나서

우리들은 점점 놀이터를
찾지 않게 되었고

한산해진 놀이터는
동네주민들이 사용하는
운동기구들로
점점 채워지고 있었다.

시간이 흘러
난 초등학교 교사가 되었다.

하루종일 시끌벅적하던 학교는

방과 후가 되면 신기하게도 적막해진다.
아이들이 다 빠져나가기 때문이다.

요즘 아이들의
놀이터는 뭐니뭐니 해도
스마트폰이다.

스마트폰은
이미 교실의 풍경을
바꾸어놓았다.

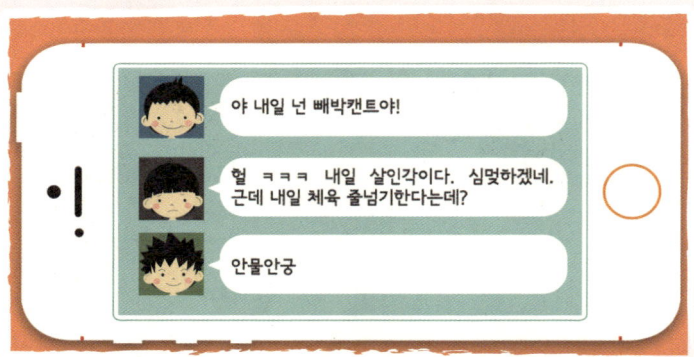

아이들에게는
모바일 게임, SNS, 메신저 등이 놀이터고,
이는 하나의 문화가 된 지 오래다.

학교에서도 스마트폰은 때때로 골치다.

학습에 유용한 어플리케이션도 상당히 많지만

아직까지는 단점이
훨씬 많다.

사실 우리 아이들은 놀고 싶어도 놀 장소가 없고, 놀 시간이 없다.

학교 – 학원 – 학원… 의 굴레는
생각보다 가혹하다.

그래서
시간과 공간의 제약을 받지 않는
스마트폰에 빠지는 것 같다.

내가 이 녀석들을 보며
소망하는 것이 있다면

학교가
놀이터가 되었으면 하는 것이다.

아이들이 하루 일과 중
가장 많은 시간을 보내는 학교…

십수 년 전 내가 놀이터에서
행복과 기쁨을 느꼈듯이
이제는 학교가 그 역할을 해줬으면 좋겠다.

잘 노는 아이 한 명
키우려면
온 나라가
필요하다

김청연

김
청
연

낯선 길을 돌아다니며 노는 걸 좋아한다. 덕분에 발견한 길과 가게, 사람을 재산으로 생각하며 산다. 2002년 〈출판저널〉에서 기자로 첫발을 뗐고, 2007년부터 한겨레 교육 섹션 〈함께하는 교육〉과 NIE 매체 《아하! 한겨레》를 만들고 있다. 《책이 있는 마을》, 《책으로 노는 집》 등을 썼다.

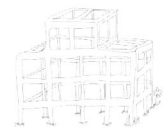

"친구를 갖는다는 것은
또 하나의 인생을 갖는 것이다."
- 발타자르 그라시안

민준이 이야기

초등학교 5학년 김민준(가명). 서울 강북 지역에 살고 있고, 평범한 가정의 외동아들이다. 부모님은 평범한 회사원이고, 맞벌이 가정이다. 민준이의 꿈은 우주항공 과학자가 되는 것이다. 민준이는 꿈을 이루기 위해서는 열심히 공부해야 한다고 말한다. 엄마는 종종 민준이에게 "아무 생각 없이 놀면 사촌형처럼 된다"

고 겁을 준다. 사촌형은 원하는 대학에 진학하지 못해 현재 재수를 하는 중이다.

민준이의 일과는 매우 단순하다. 주중, 7시에 일어나 8시 50분까지 학교에 가서 수업을 듣고, 3시경 학교가 끝나면 학원으로 향한다. 각각 주중 3회, 주중 2회 다니는 영어, 수학 학원에 다녀오면 빠르면 8시, 늦으면 9시에 집에 온다. 돌아와 학교·학원 과제 등을 하고 나면 자기도 모르게 곯아떨어지기 일쑤다. 토요일에는 과학전문학원에 갔다가 못 잔 잠을 몰아서 잔다. 일요일에는 학교와 학원에서 받은 과제들을 하거나 때때로 엄마, 아빠와 함께 박물관, 미술관 등을 찾는다. 과학전문학원에서 내주는 과제도 만만치 않아 일요일을 활용해 과제를 하기도 한다. 친구들이 있긴 하지만 친구들도 민준이처럼 대체로 바쁘다. 학교 점심시간, 학원 쉬는 시간 등을 활용해 얼굴을 보고 장난을 치는 게 친구들과 교류시간의 전부다.

아이들이 마음껏 놀지 못하는 이유

"요즘엔 애들이 어른보다 바빠…." 민준이 이야기를 들으며 많은 어른들이 이런 말을 한다. 하지만 이 아이의 일상은 어디서나 흔히 볼 수 있는 우리나라 일반적인 초등학생의 일상이다. 언뜻 봐도 이 일상에서 빠진 게 있다. 바로 '노는 시간'이다.

지난 2014년 한 일간신문이 조사한 내용에 따르면 당시 초등학교 2학년 학생 4명 중 1명(23.1%)은 방과 후 1시간 이상 노는 날이 하루도 없었다. 매일 1시간 이상 논다는 아이는 20.6%에 불과했고, 학교 끝난 뒤 방과 후 수업이나 학원을 3개 이상 다닌다는 학생이 42.1%나 됐다. 2개를 다닌다는 학생도 29.8%였다. 민준이의 경우는 이 29.8%에 속하는 셈이다.

아이들이 마음껏 놀지 못하는 데는 이유가 있다. 당시 조사 결과를 보면 '학원 가느라 시간이 없어서'(41.3%), '같이 놀 사람이 없어서'(20.6%), '부모님이 못 놀게 해서'(18.9%) 등이 꼽혔다. 그런데 이 중 하나만 해결된다고 해서 문제가 다 해결되는 건 아니다. 민준이 이야기를 들어보면 쉽게 이해가 간다.

"학원에 안 가더라도 함께 놀 친구가 없고, 만약 놀 친구가 있다 하더라도 엄마 잔소리가 들려올 테니까 어차피 놀기는 힘들어요."

방과 후 운동장, 학교와 아파트 단지 놀이터 등이 왜 텅텅 비어 있는지 그 이유를 알 것 같다.

다행히 최근 들어 아이들의 놀 권리를 찾아주려는 움직임이 곳곳에서 일고 있다. 지난 2015년 5월, 전국 시도교육감협의회가 선포한 '어린이 놀이헌장'이 대표적인 사례다. 교육감들은 이 선포식을 통해 아이들의 놀 권리에 대한 사회적 인식을 확산하기로 했다. 아이들의 놀 권리에 대해 가장 많은 관심을 보여주고 있는 강원도교육청에서는 강원도형 놀이 정책인 '친구야 놀자'를 본격 운영하기로 했다. 교육청에 따르면 "놀이정책 TF팀 운영을 통해 학교 현장 사례들을 수집했고, 이를 바탕으로 초등학교에서 실천할 만한 4가지 영역(놀이 시간, 놀이 공간 확보, 놀이 경험 제공, 놀이 지원)을 중심으로 2016년에 교육과정 편성시 놀이 관련 항목들을 넣어볼 예정"이라고 한다.

놀이터 인프라에 대한 관심도 뜨겁다. '놀이터를 지켜라'라는 프로젝트를 통해 도시 놀이터 개선사업을 펼친 국제 구호개발 NGO 세이브더칠드런은 2015년 서울시 중랑구에 있는 놀이터를 완전히 탈바꿈하는 '큰일'을 해냈다. 중랑구와 협약해 폐쇄 위기에 처한 상봉·세화 어린이공원 두 곳을 대상지로 선정하고, 6개월에 걸쳐 놀이터 공간 리모델링을 했다. 이런 일을 추진할 때는 전문가 자문을 받는 데 그치는 경우가 많지만 이 프로젝트에서는 놀이터를 이용하는 아이들 그리고 지역사회 의견 등을 담고 이들을 대상으로 각종 워크숍 등을 진행했다.

2015년 말에는 '어린이 놀이시설 안전관리법 일부 개정법률안'도 통과됐다. 그동안 전국 1000여 개가 넘는 놀이터가 '아이들의 안전'(어린이 놀이시설 안전관리법)을 이유로 폐쇄되었다. 어린이 놀이시설 안전관리법의 목적은 아이들이 안전하게 놀이터를 이용하도록 안전관리 체계를 구축하는 것임에도 불구하고 안전 검사에 불합격한 놀이터의 이용을 금지하는 데까지만 조치를 취할 뿐이었다. 그런데 30여 개 단체 등이 '아동 놀 권리 회복' 프로젝트 '놀이터를 지키자'를 진행하며 개정법률안을 통과시켰다. 법안 개정으로 각 지자체장이 어린이 놀이시설의 안전성을 확보하기 위해 필요하다고 인정하면, 시설의 보수에 필요한 비용을 조례를 정해 지원할 수 있다.

교육계를 비롯해 사회 전반에서 놀이, 놀이터에 대한 관심들이 점점 뜨거워지고 있다. 반가운 일이다. 일각에선 아이들이 어떻게 놀아야 할 것인지 '놀이 경험'에 대한 고민도 함께 해봐야 하지 않겠냐고 말한다. 교사 이야기를 들어볼 필요가 있겠다.

많은 교사들이 "일반적으로 학교 놀이터의 경우, 어느 정도 시설 확충은 되어 있다. 이제는 '무엇을, 어떻게 놀 것이냐'도 고민해봐야 한다"고 말한다.

　이쯤에서 짚고 넘어가야 할 게 있다. 교사, 학부모, 놀이 관련 활동가 등을 만나보면 놀이에 대해서 크게 두 가지 관점이 있다는 걸 발견할 수 있다. '아이들은 놀 시간을 주면 알아서 논다'는 의견이 있는 반면, '시간만 준다고 다 알아서 잘 노는 건 아니다'라는 의견도 있다. 아이들과 많은 시간을 보내는 교사들 이야기를 들어봐도 의견이 분분하다. 어떤 교사들은 '두 의견 모두 동의한다. 사실 답은 없다'고도 말한다. 사실 전자의 경우, 놀 시간과 공간을 주면 일단 문제는 해결된다. 그런데 후자의 경우, 즉 '놀 시간을 주어도 알아서 잘 놀지 못하는 아이들'이 있다면 대체 이런 아이들은 왜 나오고 있고, 학교에서는 이 문제를 해결하기 위해 어떤 고민을 하고 있을지 살펴볼 필요가 있다. 관점에 따라 놀이는 학교 교육의 하나이기 때문이다. 교사들 중에는 "학교 안에서 잘 노는 방법들을 어느 정도 고민해줘야 밖에서도 잘 놀 수 있다"고 말하는 이들도 늘고 있다.

어떻게 잘 놀아야 하는가

　서울의 한 초등학교에 근무하는 안 모 교사는 교직생활 5년 차다. 과학 교육을 전공했지만 지금은 마치 전공이 '놀이'인 것처럼 돼버렸다. 다른 교사들을 대상으로 '놀이' 관련 강의를 하러 다니는 일도 부쩍 늘었다.

　교직생활 2년 차 때 가정환경도 좋지 않고, ADHD 성향을 보이는 이른바 '힘든 친구'를 만났다. 아이는 학교에 적응하지 못했다. 수업시간에 교사 말을 허투루 들었고, 집중하지 못했다. 아이들을 때리고 괴롭히는 것도 다반사였다. 그런데 그 아이에게 다른 아이들과 놀며 어울릴 시간, 그 시간에 재미있게 잘 노는 방법, 놀면서 일어나는 갖가지 문제 상황에서 이를 해결하는 방법 등을 천천히 알려주자 아이가 변하기 시작했다. 이는 다른 아이들도 마찬가지였다. 안 교사는 "아이들이 행복해하는 걸 본 후로 '놀이'를 계속 연구하고 고민하게 됐다"고 말한다.

　혁신학교인 안 교사네 학교에서는 '블록수업'을 한다. 일반적인 초등학교 학생들은 40분 수업하고, 10분 쉬는 식으로 시간을 운영하는데 이 학교에서는 80분 길게 수업을 하고, 30분 쉬는 시간('중간놀이 시간'으로 불림)이 주어진다. 점심시간도 50분이다. 고학년쯤 되면 20분 동안 밥을 먹고, 남은 30분은 운동장이며 교실이며 여러 곳에서 뛰어놀기 시작한다. '상대적으로 노는 시간이 많아 아이들이 행복하겠구나' 싶었지만 안 교사는 "시간만 준다고 아이들이 무조건 잘 놀고 행복해하는 건 아닌 것 같다"고 말한다.

중간놀이 시간에는 전교생이 운동장 여기저기에 흩어져 노느라 학교가 비좁아 보일 정도다. 안 교사는 고민하다가 교실 안에서도 활동적으로 잘 놀 만한 방법으로 '전래놀이'를 알려주기 시작했다. 런닝맨, 보드게임 등 요즘 아이들이 흔히 하는 놀이와 사방치기, 비석치기, 공기놀이 등 전래놀이와는 차이가 있다. 안 교사는 "요즘 놀이들은 누군가를 반드시 이기거나 누군가를 제외시키는 데 주목하게 하지만 전래놀이는 그런 경향이 덜하다"고 이야기한다.

학기 초, 안 교사는 놀이로 이루어진 한 주를 기획한다. 학습만큼 중요한 게 아이들의 생활이고, 그 생활 안에 즐겁고 행복한 놀이가 있어야 한다고 생각하기 때문이다. 먼저 아이들과 함께 다양한 놀이를 해본다. 뿅망치를 들고 있는 아이에게 터치를 당하면 '말미잘'이 되는 '말미잘 게임', 바닥에 한 번 닿았던 공을 맞아야만 아웃이 되는 '바운딩 피구' 등 땀이 나는 놀이를 함께 해보면서 서로 친해질 기회를 만든다. 여기서 끝은 아니다. 놀이의 개념도 정확하게 알려준다. 예를 들어, "당하는 사람이 기분 좋으면 장난이고, 기분이 나쁘면 괴롭힘이에요" 등 '장난'과 '괴롭힘'의 차이 등을 이야기해주기도 한다.

놀이를 하다보면 갈등 상황이 발생한다. 놀 때는 이기적인 본능이 나오게 마련인데 요즘 아이들의 놀이에서 감정이 격해지면 각종 학교폭력이 일어나기도 한다. 안 교사네 교실에서 놀이시간에 다툼 등 사건사고가 발생했을 때 아이들은 "멈춰!"를 외친다. 피해자 등 아이들이 "멈춰!"를 외치면 학급에서는 놀이 상황에서 일어났던 일들을 복원해보는 역할극이 펼쳐진다. 피해자 그리고 가해자의 상황과 마음을 들여다본 아이들은 놀이시간에 배려하고, 소통하는 법을 자연스럽게 배워가기 시작한다. 이는 '평화샘프로젝트'란 데서 차용한 것이다. 대다수 학교가 학교폭력에 대해 직간접적인 처벌이나 보상을 하지만 이 프로젝트에서는 교사가 아이들에게 역할극 등을 통해 가해자 또는 피해자의 입장이 되어보게 하고, 정해진 규칙에 따라 문제상황을 해결할 수 있게 한다. 안 교사네 교실에는 4가지 규칙이 붙어 있다. '괴롭힘 상황에서 서로 도울 것이다', '괴롭힘이 있을 때 서로에게 알릴 것이다', '혼자 있는 친구와 함께할 것이다', '선생님은 평화의 본보기가 될 것이다' 등이다. 이런 문화를 만들면서 안 교사는 교실의 변화를 실감하고 있다. 무엇보다 "평소 괴롭힘만 당해 혼자 놀거나 잘 놀지 못했던 아이들이 자기 목소리를 내며 잘 어울려 노는 분위기가 생겼다. 덕분에 생활지도 등도 자연스럽게 할 수 있게 됐다"며 웃는다. 학기 초, 이런 놀이 문화를 익히면서 아이들은 서로 친해져 놀고, 평화롭게 문제를 해결하는 과정에서 안 교사가 알려준 놀이 활동을 변형해 새로운 놀이도 창조해낸다.

이 사례가 학교 안 놀이문화의 '정답'을 말해주는 건 아니다. 각 학교의 모습들이 다르고, 각 교실의 모습이 다르듯 학교 안, 교실 안 놀이문화의 모습도 다양할 수 있다. 다만, 이 사례가 유의미한 이유는 교실 안에서 교사의 계획 아래 놀이 문화가 잘 정착됐고, 놀이 과정에서 일어나는 갈등과 관련해 분쟁조절 및 생활지도 방법까지 아우르고 있다는 점이다.

안 교사의 사례는 교사나 어른이 아이들에게 '놀이 안내자'로서 역할을 하는 모습을 보여준다. 안 교사가 이렇게 '어떻게 잘 놀아야 하는가'를 알려주게 된 데는 이유가 있다고 한다. "요즘 아이들 중에는 놀 시간을 줘도 그 자체를 괴로운 시간으로 생각하는 친구들이 많기 때문"이다.

"게다가 요새 아이들이 노는 방식을 들여다보면 걱정스러운 경우가 많다. '괜찮게 논다'고 해봐야 '보드게임', '큐브게임' 등을 하고, 고학년쯤 되면 '오늘부터 우리 사귄 지 첫날이야'로 시작하는 '커플놀이', 스스로 명치 부분에 손을 대고 숨이 멎는 시늉을 하면서 노는 '기절놀이', 친구를 의도적으로 따돌리는 '티아라 놀이' 등을 하는 경우도 많다. 예전과 다르게 노는 시간만 준다고 다 되는 게 아니다." 안 교사의 이야기다.

광주광역시 한 초등학교에 근무하는 서 모 교사는 심리치료사이면서 '놀이전문가'로 통한다. 14년 동안 교실에서 아이들과 다양한 놀이 활동을 해온 서 교사에게 놀이는 다양한 의미다. 자칫 지루하고 딱딱할 수 있는 수업을 살아 숨쉬게 해주는 도구이기도 하고, 아이들 마음을 만나게 해주는 끈이기도 하다. 서 교사 역시 "예전에는 아이들이 고무 지우개 하나만 갖고도 다양한 놀이를 창조했지만 요즘 아이들은 보드게임, 카드게임 도구가 있어야 논다. 그래서 놀이에서 '교사의 안내'가 있어야 잘 놀 수 있다"고 이야기한다. 예전에는 '사물'을 놓고, 다양한 상상을 하며 그것을 제멋대로 변형하기도 하면서 놀았지만 요즘은 만들어진 '완제품'을 놓고 논 경험이 많아서 구조화된 놀이도구가 없으면 잘 놀지 못하는 아이들이 많다. 그렇다고 스스로 잘 놀 수 있도록 '기술'이나 '법칙'을 가르쳐줘야 한다는 관점은 아니다. 친구를 사귀고, 놀이를 하는 등 아이들을 둘러싼 문화 자체가 과거와는 많이 달라졌고, 여기에 맞춰 교사나 어른들이 아이들과 놀이가 잘 만날 수 있는 길을 어느 정도 선에서는 터줘야 하는 게 지금의 현실이라는 이야기다. 아이들 스스로 놀이의 재미를 알아갈 시간을 충분히 주면 좋겠지만 학교 안에 있는 시간은 한정돼 있고, 놀이를 개별 가정의 몫으로까지 가져가기에 가정별 상황은 천차만별이다.

방과 후 시간은 차치하고 학교 안에서 아이들이 충분히 잘 놀려면 현실적으로 여러 가지 조건도 필요하다. 아이들에게 놀 시간을 충분히 주려면 지금의 40분 공부하고, 10분 노는 일반적인 시간 운영을 제도적으로 바꿔야 하지 않느냐는 의견도 있다. 하지만 혁신학교처럼 블록수업을 했을 때 수업 및 놀이시간에 대해 교사가 느끼는 여러 부담들을 해결해줘야 하는 과제도 남아있다. '놀이'가 정책이나 프로그램이 됐을 때 아이들이 느끼는 이

질감이나 부담 등도 생각해봐야 한다. 이 지점에서는 다시 '아이들은 놀 시간을 주면 저절로 논다'와 '놀 시간과 함께 놀 수 있는 '꺼리들'을 어른이 알려줘야 한다'는 두 관점이 충돌할 수 있다. 문제는 사회 각계가 아이들의 놀이정책에 관심을 기울이는 때 학교 안 놀이 프로그램에 대한 솔직한 논의가 상대적으로 부족하다는 점이다. 학교 밖 놀이 전문가, 놀이터 디자이너 등의 의견만이 아니라 아이들 일상의 큰 부분을 함께하는 현장 교사들의 아이디어가 모여야 할 때다.

아이들의 노는 모습을 들여다보면 그 아이의 감정 상태, 고민거리 그리고 문제나 갈등을 해결하는 방법 등을 발견할 수 있다. 그런데 만약 학교 안에 놀이정책 등이 가동됐을 때 교사들은 또 다른 부담을 안을 수도 있다. 서 교사는 "교사들에게 아이들의 놀이를 들여다볼 여유가 필요하다"고 말한다. 교사 입장에서는 학생들이 놀면서 발생할 수 있는 안전사고, 따돌림 등으로 인한 소외학생 발생, 놀이 과정에서 일어나는 분쟁조절 등 학생 생활지도의 부담이 크다. 여기에 대한 고민도 해봐야 한다.

현재 업무만으로도 벅찬데 연구학교로 지정이 되면 시설확충, 프로그램 개발 등에 따른 각종 업무가 늘어난다. 결국 어떤 주제든 특정 주제로 '연구학교'를 경험한 학교들은 연구학교 과정에서 각종 업무 부담에 지쳐 정작 프로젝트를 다 끝낸 후엔 그 분야 연구를 진행하지 않는 일도 많다.

학교 안에서 놀이문화를 활성화한다고 해도 가정이 협조해주지 않으면 아무런 의미가 없다는 이야기도 나온다. 40대, 직접 두 아이를 기르는 육아에 뛰어들었던 신 모 씨는 되도록 대형마트 장난감 코너를 지날 때 아이들이 지나치도록 한다. 대신 평소 아이들이 갖고 놀 장난감을 아이들과 함께 만들어본다. 나뭇가지로 딱총을 만들거나 연필통 등을 만드는 게 이들 가정의 놀이다. 나뭇가지를 구하고, 손으로 만지며 깎고, 다듬는 활동 그 자체가 놀이고, 부모와의 소통이라고 생각하기 때문이다. 하지만 대부분 부모들은 산업화된, 만들어진 놀이터에 아이를 보내 놀이를 '위탁'하는 데 길들여져 있다. 그러니 학교에 와서 아무 도구도 없이 친구들과 노는 게 어색할 수밖에 없다. 또 완성된 형태의 장난감을 내밀지 않으면 금방 싫증을 낼 수밖에 없다.

유니세프한국위원회가 선정한 '한국 어린이가 하고 싶은 바깥놀이 50가지'를 보면 어린이들이 원하는 놀이의 모습이 대략 그려진다. '까르르 신나게 달리기', '껑충껑충 한 발 뛰기', '나 잡아

봐라 술래잡기', '영차영차 줄다리기', '자연에서 야영하기', '첨벙첨벙 물놀이', '토닥토닥 흙놀이' 등 참 손쉽게 진행이 가능한 놀이들이다. 하지만 많은 아이들이 이런 활동을 하며 놀진 않는다. 서울 한 초등학교에 근무하는 박 모 교사는 "놀이에 얼마나 신경을 써주느냐는 가정 상황에 따라 다 다르다. 어떨 땐 키즈 카페 등을 부모와 함께 가는 게 그나마 다행인 아이들도 있다. 부모와 노는 시간 자체를 못 갖는 아이들이 많기 때문이다. 물론 상담 때 가능하면 아이들하고 손잡고 걷고, 나뭇잎을 손으로 만져보는 것만이라도 해보시라고 권한다"고 말한다.

얼마 전, '놀이'와 관련한 아이들의 생각에 부모의 태도가 얼마나 영향을 주는지에 대한 유의미한 분석도 나왔다. 강원도교육연구원에서 실시한 '2015 현장교원 위탁연구' 중 〈놀이가 초등학생의 전인적 발달에 미치는 영향〉 보고서를 보면 학생들은 학교나 가정에서 하루에 도달해야 할 학습량이 정해져 있으며, 여기에 도달했을 때 놀이시간을 얻을 수 있는, 즉 '학업성취에 대한 보상으로서의 놀이'에 대한 불만이 많았다. 이 연구에 참여한 강원도 한 초등학교 교사는 "연구를 하면서 아이들이 자기 내면의 소리를 다 어른들의 말로 채우는 것 같다는 느낌이 들었다"고 했다.

"고학년의 경우, 예를 들어, '놀이 시간이 주어지면 나는 공부를 못하게 되고, 친구들도 그럴 거고, 우리 학교는 공부 못하는 집단이 되고, 결국 우린 싫은 소리를 듣게 된다'는 식으로 생각하는 경우가 있었다. '그럴 바엔 놀지 말고 공부해야 한다'는 것이다. 의외로 많은 아이들이 '나 이렇게 놀다가 큰일 나는 거 아닌가'라고 생각한다. 아이들이 어른들처럼 놀이와 학습을 분리해서 본다는 이야기인데 왜 그렇게 된 건지에 대한 진지한 논의도 필요하다. 또 자칫 학교 안에 놀이가 정책으로 들어왔을 때 아이들에게 또다른 부담요소가 되지 않도록 고민도 해봐야 한다."

'놀이'와 관련해 한 교사는 재미있고, 의미있는 이야기를 들려줬다. "잘 놀게 하다가 어느 순간 '성적 떨어진다. 시간낭비다'라는 이야기를 하는 사람들도 있습니다. 그런데 놀아야 할 때 잘 못 논 아이들이 사회생활도 잘 못해요. '지금이 놀 때냐?'라고 이야기하는 어른들이 참 많죠. 그런데 '지금이 바로 놀 때'입니다."

우리 사회에서 아이들이 '놀아야 할 때'에 대한 진지한 고민이 시작됐다는 건 반가운 일이다. 이젠 단순히 '놀게 해주자'를 넘어 '어떻게 잘 놀 것인지' 놀이 밥상을 함께 차려줄 고민도 제대로 해봤으면 좋겠다. ●

놀이를 통해
아이들은
아픔을 치유한다
-놀이와 놀이 치료

이영애

이영애

숙명여자대학교 아동복지학과를 졸업하고, 동 대학원에서 아동상담을 전공, 박사학위를 받았다. 현재 숙명여자대학교 사회교육대학원 놀이치료전공 교수로 있으며, 한국놀이치료학회 학회장을 역임했었고, 또한 놀이치료기관인 원광아동상담연구소 소장으로 근무했다.

EBS 다큐프라임 〈아이의 사생활〉 1편(자존감), 2편(형제), 〈아동범죄 미스터리의 과학〉, 〈내 아이의 전쟁 알레르기〉, 〈오래된 전통육아의 비밀〉, 〈퍼펙트 베이비〉 편 등에 전문가로 출연하여 아이들의 마음을 알기 쉽게 전달해주었으며, EBS 〈부모〉, 〈양육을 부탁해〉], KBS 1라디오 〈오한진, 이정민의 황금사과〉에 출연하여 자녀교육에 대한 현실적인 조언을 제공해 많은 부모의 사랑을 받고 있다. 지은 책으로는 《아이의 사회성》, 《엄마도 놀이 전문가》, 《떼쓰는 아이 키우기》 등이 있다.

놀이만이 인간을 완전하게 만들어주고
인간의 본성을 발전시킨다.
—프리드리히 실러

아이들은 일어나서부터 잠자리에 들 때까지 놀고, 놀고 또 놀이를 한다. 그러나 점점 나이가 들면서 셈하기, 글쓰기, 논리 및 사고력 키우기 등의 학습 시간이 증가하다가 급기야는 놀이 시간이 거의 사라지게 된다. 그렇게 놀이가 중요하다고 외치던 부모님들도 아이들이 학교생활을 시작할 즈음부터는 변심해 "이것저것 하다 보니 도저히 놀 시간이 없어요"라고 푸념하곤 한다. 그래도 아이들에게는 놀이가 중요하다고 이야기하면, "놀게 하고 싶어도 놀이터에 나가면 아이들이 없어요", "집 근처에 놀이터가 없어서 놀이터를 가려면 다른 동 앞으로 뺑 돌아가야 하다 보니 놀이터에서 노는 것이 어려워요" 등과 같은 호소가 줄을 잇는다. 그럼에도 불구하고 많은 아동학자, 아동심리학자, 아동상담자들은 아이들에게 놀이가 중요하다는 것을 강조하고 또 강조하는데 정말 놀이는 아이들에게 얼마나 중요한 것일까?

1. 놀이

아이들에게 놀이가 중요하다는 것을 인정한 것은 이미 고대에서부터 시작되었다. 플라톤은 놀이의 실제적 가치를 최초로 인정한 사람으로, 사과를 통해 셈하는 것을 가르쳤고, 앞으로 건축가가 되도록 3세 아이들에게 축소된 건축도구를 주어 가지고 놀게 했다. "아리스토텔레스 역시 아동에게 놀이가 권장되어야 한다고 생각했다." 그 이후 많은 학자들은 놀이를 통해 아이들의 에너지가 방출되고, 지루함을 피하고, 성인이 될 때를 준비하기 위해 필요한 기술과 지식을 발달시키게 된다고 주장했다.

놀이의 의미

상담을 하면서 많은 아이들을 만나왔는데, 그 중에서 "선생님! 저는 놀이가 싫어요. 정말 놀기 싫은데 엄마가 놀라고 해서 억지로 할 수 없이 놀고 있어요"라고 말하는 아이는 단 한 명도 만난 적이 없다. 오히려 "놀고 싶은데 엄마가 공부하래요", "학원을 너무 많이 다녀서 놀 시간이 없어요"라는 어려움을 이야기하면서 속상한 마음을 표현하곤 한다.

이렇게 아이들이 갈망하는 놀이란 과연 무엇인가? 사실, 놀이에는 단순한 정의가 있는 것이 아니다. 또한, "놀이와 다른 활동, 즉 일, 탐색, 학습과 같은 활동들 간에 명확한 경계가 있는 것도 아니다." 하지만 일반적으로 대부분의 학자들은 놀이는 내적으로 동기화되어야 하고, 자유롭게 선택할 수 있어야 하고, 즐거워야 하며, 융통성이 있고, 적극적으로 참여해야 하는 것으로 정의 내린다.

자, 그렇다면 놀이가 가지고 있는 특징을 한번 살펴보자. 새퍼(Schaefer)는 놀이의 특징을 다음과 같이 세분화하여 제시했다.

① 놀이는 외부적 동기보다는 내부적 동기에 의해 나타난다.

놀이는 외부적인 강요에 의해서 발생하는 것이 아니다. 자신이 놀고 싶을 때 놀이를 하는 것이 진정한 놀이다.

② 놀이를 하는 동안 아동은 놀이 활동의 결과보다는 놀이 활동 그 자체에 관심이 있다.

흥미나 호기심을 유발하는 놀이는 그것의 실패나 성공의 결과와는 상관없이 그 놀이에 참여했다는 것만으로도 만족감을 준다.

③ 놀이에는 긍정적인 느낌이 수반되어야 한다. 놀이를 통해 즐거운 느낌이 일어나야 한다.

④ 아동은 놀이에 적극적으로 참여하며 몰입한다.

⑤ 놀이는 가정과 비사실적인 속성을 지니고 있어 현실 생활이 아닌 것처럼 진행된다. 아동은 현실에서는 할 수 없는 일들을 놀이 속에서 체험해보고 대리만족을 경험한다.

⑥ 놀이는 다양하고 창조적이며 혁신적인 결과를 낳는다. 아동은 놀이에서 자유롭고 창의적이 될 수 있다.

⑦ 놀이에서 추구하는 것은 '이 놀잇감으로 무엇을 할 수 있을까?'이다. 아동은 놀이 속에서 '이 물건의 기능은 무엇인가'를 추구하는 탐색 행동보다는 '이 물건을 가지고 내가 무엇을 할 수 있을까?'에 더 관심을 가진다.

이처럼 놀이는 아이의 주도성과 적극성을 기본 전제로 하고, 창의적으로 이루어지게 되다보니, 즐거움이나 긍정적인 느낌이 따라오게 된다. 결과보다는 과정에 더 큰 초점을 두고 뭔가 이루어낼 때만 기뻐하는 것이 아니라, 놀이를 하고 있는 과정 속에서 있는 그대로의 자신을 만나게 된다. 이것이 바로 놀이다.

놀이의 영향력

놀이가 이처럼 자율적, 창의적, 주도적으로 또한 즐겁게 이루어지다 보니, 놀이에는 정말 대단한 힘이 숨어 있다. 만일 부모님들이 그동안 이루어진 놀이에 대한 많은 연구문헌들을 살펴볼 수 있다면, 놀이가 가지고 있는 막강한 영향력에 놀라게 될 것이다. 다음 아이들의 놀이를 한번 살펴보고 이 놀이 속에 숨어 있는 놀이의 힘이 무엇인지 찾아보자.

> **<놀이 1>**
> 아빠와 함께 놀이터에 나온 민철이는 처음에는 놀이기구를 무서워하는 듯했지만 아빠와 함께 탄 이후 매우 열정적으로 놀이를 하였고, 집에 들어갈 시간이 다 되었다고 해도 온 에너지를 다 쏟으면서 놀이를 했다.

<놀이 2>

젓가락질을 잘 못하는 영철이에게 엄마는 젓가락으로 콩을 집는 놀이를 소개했다. 영철이는 엄마와 함께 〈누가 콩을 더 많이 집나〉 하는 놀이도 하면서 젓가락질이 점점 능숙하게 되었다.

<놀이 3>

세 살이 된 예준이는 커튼 뒤에 숨어 있으면서 자신을 찾으라고 했다. 엄마가 "예준이 어디 있어? 없어졌네"라고 찾는 시늉을 하자 깔깔 웃으면서 "여기"라고 외치면서 나타났다가 다시 커튼 뒤로 숨는 놀이를 반복했다.

<놀이 4>

아빠와 씨름놀이를 하는 것을 좋아하는 소라는 아빠가 이기려고 하자 아빠를 때려서 혼이 났다. 그 다음부터는 아빠를 때리기보다는 아빠가 사용하는 기술을 보고 배워서 그대로 하려고 애썼다.

<놀이 5>

영미는 소꿉놀이를 가지고 엄마처럼 음식을 만들고 커피를 만들다가 "커피 드릴까요? 손님?"이라고 하면서 음식을 대접했고, "뭐 드시겠어요?", "자, 계산해주세요"라면서 가게 놀이를 했다.

<놀이 6>

감기 때문에 병원에서 주사까지 맞고 온 수영이는 자신이 의사를 하고 엄마는 환자 역할을 하라고 시켰다. 그러더니 "감기예요"라고 말하고는 볼펜을 가지고 와서 주사를 놓는 흉내를 내었다.

> **<놀이 7>**
> 기철이는 친구들에게 "싫어! 하지 마"라는 말을 하지 못해서 항상 속상해했다. 그래서 엄마가 기철이를 괴롭히는 친구 역할을 하면서 기철이에게 "싫어! 하지 마!"라고 말하는 걸 연습시켰다. 그랬더니 어느 날 기철이가 "엄마! 나 친구한테 그렇게 말했더니 그 친구가 다른 곳으로 갔어"라고 신이 나서 이야기했다.

이 놀이들에는 아이의 발달을 도울 수 있는 특징들이 숨어 있다. 〈놀이 1〉의 민철이와 〈놀이 2〉의 영철이는 놀이를 하면서 자연스럽게 에너지를 발산하면서 긴장을 이완하고, 대소근육 발달이 촉진되었을 것이다. 〈놀이 3〉의 예준이는 놀이를 통해 사람은 눈에 보이지 않아도 그 자리에 있다는 대상영속성의 개념을 익히게 된다. 이런 개념이 형성되어야 엄마와 안전하게 분리되고 엄마 없이 스스로 할 수 있는 심리적 힘이 생기게 된다. 그러므로 예준이는 그냥 놀면서 즐거워하는 것처럼 보이지만, 이 놀이는 아이의 인지 및 심리발달을 돕는 매우 중요한 놀이가 된다.

〈놀이 4〉의 소라는 놀이를 통해 힘을 어디까지 주어야 즐겁게 놀이할 수 있는지를 배워가게 되는데, 이것이 바로 조절능력이다. 〈놀이 5〉의 영미와 〈놀이 6〉의 수영이는 놀이를 통해 누군가에게 음식을 만들어주고 베풀고, 치료해주고, 돈을 계산하는 사회적인 역할을 배우게 된다. 이뿐 아니라 놀이를 통해 좀 더 자상하게 돌봄을 받고 싶은 욕구, 병원에서 치료받으면서 스트레스를 받았던 것을 해소하는 것, 주인이 되어서 진두지휘하고자 하는 욕구 등을 표현하고 있는 것이다. 〈놀이 7〉의 기철이는 놀이를 통해 사회적인 상황에서 어떻게 대처하고 자신을 방어할 수 있는지를 연습했다.

자! 이 일곱 명의 아이들은 그저 놀기만 했을 뿐이다. 그런데 놀이를 통해 아이들의 신체, 인지, 정서, 사회성 등의 발달이 촉진되고 있는 것을 볼 수 있다. 이에 비고츠키(Vygotsky)는 놀이를 통해 아동의 지적발달을 위한 기초가 다져질 뿐 아니라 언어, 정서, 사회성 발달이 촉진된다고 했다. 또한 밴던버그(Vandenberg)는 놀이를 통해 자신의 감정을 표현하고 조절하고 다른 사람의 정서에 감정을 이입하게 될 뿐 아니라 놀이 후의 만족감은 자율성, 성취감과 긍정적인 자아개념 형성에 영향을 미친다고 주장했다. 정말 놀랍지 않은가?

진짜 놀이는 따로 있다

여기에 또 세 명의 아이들의 놀이가 있다. 이 아이들의 놀이를 한번 살펴보자. 이 아이들은 진짜 놀이를 하고 있는 것일까?

수정이 엄마는 놀이를 잘하면 아이가 똑똑해진다는 이야기를 듣고는 수정이와 잘 놀아주고 싶다. 그래서 놀이를 하면서도 자극을 주기 위해 "이게 뭐야?"라고 계속 묻고, "이 색은 옐로우야, 따라해 봐. 이건 옐로우"라고 열심히 자극을 주었다. 이것은 놀이일까? 학습일까?

6세인 민용이는 남자 아이지만 계속 집에만 있으려고 하고, 집에서도 계속 뒹굴거리고 잘 움직이려고 하지 않는다. 아빠는 민용이에게 뭔가 운동하는 것이 필요하다고 생각하여 부지런히 놀이터로 데리고 나갔다. 하지만 민용이는 놀이기구 타는 것을 무서워해서 근처에 가지도 않으려고 한다. 하지만 아빠는 이런 민용이를 좀 더 강하게 키워야 한다는 생각에 억지로 놀이기구를 태워 결국 울게 하고 말았다. 민용이에게 놀이기구는 놀잇감일까? 학습도구일까?

요즘 부쩍 한자에 관심이 많아진 초등학교 1학년 철민이는 아빠와 한자 공부를 하다가 자신이 봤던 한자 만화책 이야기를 하게 되었다. 그러다 보니 철민이는 아빠에게 "불 화(火)로 공격!"이라고 말하게 되고, 아빠도 덩달아 "그렇다면 물 수(水)로 방어!"라고 말하면서 한자를 주고받게 되었다. 철민이에게 이것은 공부일까? 놀이일까?

수정, 민용, 철민이는 분명 놀이를 하고 있기는 하다. 하지만 진정한 놀이는 무엇이었을까? 수정이는 놀이를 가장한 공부를 하고 있고, 민용이 또한 놀이를 마지못해 하는 숙제처럼 하고 있다. 반면 철민이는 공부를 하는 듯했지만 이것이 즐거운 놀이로 바뀌었다. 이 세 명의 아이들 중에서 누가 놀이를 통한 혜택을 많이 받게 되었을까? 답은 철민이다. 억지로, 숙제처럼 하는 놀이는 사실 놀이가 아니다. 앞서 살펴보았듯이 놀이는 자발적이어야 하고 즐거워야 하며 그 안에서 생생한 상호작용이 이루어져야 한다. 이런 놀이라야 아이들은 그 안에서 자신을 잘 표현할 수 있고, 건강한 발달이 촉진될 수 있다. 이는 우리의 뇌가 자발적으로 즐거움을 가지고 발견한 사실을 좀 더 잘 기억하고 저장하기 때문이다.

그러므로, 앞으로 부모님들은 아이에게 놀이를 제시하고 가르치는 것이 아니라 어떻게 하면 아이의 자발성, 즐거움, 상호작용을 촉진시켜 줄 수 있는 놀이 상대가 되어줄 것인지 고민해야 한다. 진정한 놀이상대가 되어주는 부모의 놀이 태도는 아이의 건강한 발달을 돕는 기초공사다.

2. 놀이 치료

아이들은 놀이를 하면서 인지, 정서, 창의력, 사회성 등 발달에 중요한 부분들이 촉진되고 성장하게 되지만 사실, 놀이에는 이런 기능만 있는 것이 아니다. 놀이는 아동의 심리적인 문제를 표현하는 통로가 될 뿐더러 이를 해결할 수 있는 통로가 되기도 한다.

놀이는 아이의 언어다

≪전쟁과 아동들≫에서 프로이트(Freud)와 벌링엄(Burlingham)은 런던 시의 폭발에 대한 아동과 어른의 반응의 차이점에 대해 다음과 같이 표현했다.

"비행기 공습에 대해 성인들은 그들의 공포의 경험담을 계속해서 말로 표현했지만, 아동들은 말로 표현하지 않았다. 대신 아동들의 공포스러운 반응들은 놀이를 통해 표현되었다. 아동들은 블록으로 집을 만든 후 폭탄을 떨어뜨렸고, 빌딩은 불타고 사이렌이 울리고 사람들은 죽고 다쳤다. 병원 차가 사람들을 병원으로

수송하였다. 이러한 것들은 몇 주간 계속되었다."(유미숙, 최명선 옮김, 2006)

이처럼 아이에게 놀이란 어른의 언어와 유사하다. 어른은 언어를 통해 자신의 심리적 어려움을 표현하고 해결하지만 아동은 놀이를 통해 많은 것을 표현한다. 믿기 어려운가? 그렇다면 다음의 아이들의 놀이를 한번 살펴보면서 이 놀이를 하는 아이들의 마음이 어떨지 한번 느껴보자.

> **<놀이 1>**
> 부모님이 큰소리 내고 심지어는 때리면서 싸우는 모습을 자주 목격한 기철이는 모래상자 속에 큰 집을 놓고 그 안에 어린 아이 한 명을 세워놓았다. 무슨 놀이인지 묻자 "이 집은 홍수가 나서 떠내려가는데 집에 어른은 없고 아이 혼자 있어요"라고 했다.

> **<놀이 2>**
> 수미의 부모님은 엄격했는데, 항상 수미보다 뛰어난 언니와 비교하면서 훈육을 했다. 어느날 수미는 병원놀이를 하면서 자신의 가슴에 고무공을 넣고는 가슴에 뭔가 생겨서 숨을 쉴 수가 없다고 하면서 수술을 해달라고 했다.

<놀이 3>
민정이는 상담자에게 "이 세상에서 가장 맛없는 음식이에요. 여기에는 똥이 들어가 있어요. 먹어요"라면서 음식을 만들어주는 놀이를 했다. 심지어는 "이건 독찌찌예요. 이거 먹으면 죽어요"라고 하고 상담자에게 먹고 죽는 시늉을 하라고 했다.

<놀이 4>
초등학교 2학년인 민재는 상담자와 함께 게임을 하다가 자신의 순서를 잊어버리고 계속 자기만 하려고 하고, 상담자의 차례에는 다른 곳을 쳐다보거나 다른 놀잇감을 만지는 등 집중하지 못하는 모습을 보이곤 했다.

<놀이 5>
초등학교 1학년인 현철이는 상담자와 함께 게임을 하다가 자신이 질 것 같자 갑자기 주먹으로 상담자의 턱을 치려고 하고, 화가 난다면서 게임의 카드를 찢어버리려고 했다.

이 아이들은 그저 놀이를 했을 뿐이다. 그렇지만 이 놀이 안에는 아이 자신도 미처 알지 못했던 자신만의 이야기가 녹아 있다. 〈놀이 1〉의 기철이는 놀이를 통해 부모님의 싸움 때문에 자신이 얼마나 외롭고, 힘들었는지, 마치 혼자서 홍수에 밀려 떠다니는 듯한 느낌이었다는 것을 표현한 것이라고 볼 수 있다. 〈놀이 2〉의 수미는 놀이를 통해 그동안 뛰어난 언니와 비교당하면서 가슴

속에 알알이 박혀 있던 섭섭한 마음이 화가 되어 마음 속에 뭉쳐 있는 것을 놀이를 통해 표현하고 이것을 치료하는 과정을 놀이를 통해 경험하고 있는 것이라고 볼 수 있다. 〈놀이 3〉의 민정이는 엄마와의 관계에서 좋은 애착을 경험하지 못했는데 이것이 마치 독찌찌를 먹는 듯했고, 똥이 들어 있는 듯이 만족스럽지 못했다는 섭섭함을 표현하고 있다고 볼 수 있다. 〈놀이 4〉의 민재는 게임을 하는 태도를 통해 뭔가 주의집중을 하는 것이 어렵고 충동적이어서 힘든 모습을 보여주고 있다. 〈놀이 5〉의 현철이는 자기가 원하는 대로 되지 않을 때 화가 많이 나고, 이것을 참을 방법이 없다는 것을 놀이를 통해 생생하게 보여주고 있다.

사실, 아이들이 '오늘은 ○○○ 놀이를 해서 선생님에게 화를 내야지'라고 결심하고 놀이를 하지는 않는다. 아무런 각본 없이 그날 놀이하고 싶은 것을 놀이할 뿐이다. 그러나 이런 놀이 속에는 아이들이 말로는 미처 표현하지 못한 아이 내면의 목소리가 뿜어 나오는 것이다. 이에, 프로이트는 아동은 놀이를 통해 자신의 세계를 진실하게 창조해나간다고 하였고, 놀이를 통해 자신의 환상과 꿈을 계발시키고 더 나아가 창조적인 일들을 만들어냄으로써 자신의 충족되지 않은 욕구나 불안, 갈등 등을 가상놀이나 환상놀이를 통해 표현하게 된다고 하였다. 이를 기반으로 하여 그 이후의 많은 아동정신분석학자들은 "놀이가 가지고 있는 치료적 가치를 인정하였고, 놀이를 통해 아동은 자신의 복잡한 감정과 갈등을 표현하고 극복해나갈 수 있다고 주장했다."(신숙재 외, 2000)

놀이를 활용한 심리치료

이런 놀이의 언어적 기능과 치료적 기능을 활용하여 심리 치료로 적용한 것이 바로 놀이 치료다. 대부분의 성인은 자신의 감정, 좌절, 걱정, 개인적인 문제를 언어 형태로 표현할 수 있지만 아이들은 다르다. 아이들에게 자신의 감정을 표현하고 관계를 탐색하고 자기 성취를 할 수 있도록 하는 중요한 매개체가 되는 것은 바로 놀이다. 이처럼 놀이가 가지고 여러 가지 특성 중에서 특별히 치료적 요인에 초점을 두고 상담이라는 치료 양식과 결합시킨 것이 바로 놀이 치료다.

아마도 '그냥 단순히 아이와 놀이를 하는데 치료가 된다고?'라는 의문을 가져본 적이 있을 것이다. 놀이 치료는 그냥 아이가 와서 놀이를 하고 놀이 치료자는 그저 함께 앉아 있기만 하는 것이 아니다. 아이들은 놀이를 통해 자신이 겪고 있는 어려움 즉, 좌절, 긴장, 불안, 공격, 두려움, 혼란 등과 같은 감정을 표현하고, 그런 감정과 직면하게 되면서 결국 그 감정을 통제하게 된다. 이렇게 감정의 해소가 일어나게 되면 아동은 내부에 깊숙이 자리잡고 있는 자신의 무한정한 힘을 인식하게 된다. 이런 과정을 거치면서, 아동은 자신의 중요성에 대해 알게 되고 자신에 관한 일을 스스로 처리하게 되면서 자신이 스스로 결정내릴 수 있게 된다. 이것이 바로 심리적으로 성숙해나가는 과정이며 이를 통해 자기실현을 하게 된다.

또한 놀이 치료자는 이런 아이들을 온 마음을 다해 이해하려고 노력하고 공감하면서 아이 내면의 문제를 다루게 된다. 그러므로, 놀이 치료의 핵심은 놀이 치료자와 아동이 맺는 치료적 관계라고 할 수 있다. 성인 상담에서는 이런 관계에서 언어가 매개체가 된다면 아동 상담인 놀이 치료에서는 놀이가 매개체가 되는 것이다. 즉, 아이들은 허용적이고 이해력 있고 다정한 치료자가 아동이 말이나 놀이를 통해 느끼고 표현하는 것에 민감하게 반영해주는 과정을 통해 자신이 독립적인 인간으로 존중받고 있음을 새롭게 인식하게 된다. 그러므로 놀이 치료란 아이들에게 자신의 문제를 해결할 수 있는 기회를 제공해주는 것이며, 치료 경험을 통해 자신을 알며, 그들 자신을 있는 그대로 수용하고 성숙할 수 있도록 도와주는 것이다.(신숙재 외, 2000)

놀이 치료를 통해 얻을 수 있는 것들

놀이 치료는 놀이를 매개로 하여 아이의 심리를 다루는 상담방법이므로, 놀이 치료 과정을 통해 얻을 수 있는 것들이 있다.

첫째, 아이들은 자신감을 가지고 주위환경에 보다 잘 대처해 나갈 수 있는 능력을 가지게 된다. 아이들은 훈련된 상담자와 놀이를 통해 새로운 대인관계를 맺어가면서 자신이 가지고 있던 어려움이 감소하고 자신이 건강하게 자라는 것을 방해하는 마음속의 매듭이 풀리는 경험을 하게 된다. 또 발달이 늦은 아이들은 자신에게 꼭 필요한 여러 가지 자극을 통해 발달이 촉진되어 전반적인 기능이 향상되는 경험도 하게 된다.

충동적이고 주의 산만한 것 때문에 학교에서 지적을 많이 받고 부모자녀 관계도 크게 손상된 아이들의 경우, 충동조절을 할 수 있는 방법을 배우게 되고 자신에 대한 생각도 긍정적으로 바뀌게 된다. 이런 과정을 통해 심지어는 성적이 향상되는 경우도 더러 있기도 하다. 이런 모든 경험들은 아이가 자신에 대해 자신감을 가질 수 있도록 돕기 때문에, 아이들은 세상 속으로 적극적으로 뛰어 들어갈 수 있게 된다.

둘째, 놀이 치료에서는 아이들의 내적인 문제뿐 아니라 아이의 행동이 잘 변화될 수 있도록 주위 환경을 조정한다. 지속적인 부모 상담과 유치원, 학교 교사와의 상담을 통해 가정이나 사회에서의 일상생활을 아이의 상황과 발달에 맞게 재조정하는 과정을 가지게 된다. 이런 과정을 통해 아이들은 놀이 치료실 안에서 뿐 아니라 놀이 치료실 밖에서도 편안하게 자신의 길을 찾아갈 수 있게 된다.

놀이 치료의 대상

그렇다면 어떤 아이들이 놀이 치료의 대상이 될 수 있을까? 놀이 치료는 정말 심각한 문제를 가지고 있는 아이들만이 대상이 되는 것일까? 다음의 아이들을 한번 살펴보자.

"이제 만 2년 6개월 된 여자아이예요. 그동안 직장생활로 엄마가 아이를 키우지 못했습니다. 그런데 아이가 엄마를 알아보지 못하고 키워준 아줌마를 엄마로 아는 것 같습니다. 현재 말도 전혀 못하고 불러도 쳐다보지도 않습니다. 혹시 자폐가 아닐까 걱정되네요."

"어릴 때부터 걷는 것, 말하는 것 모두 다 또래에 비해 늦은 편이었어요. 이제 유치원을 보내야 하는데 아직까지 말도 잘 못하고 떼가 너무 심해서 밖에 다닐 수가 없어요."

"전문기관에서 정신지체 2급 판정을 받은 아이예요. 양눈은 사시고 눈맞춤이 부적절해요."

"한 가지 놀잇감에만 집착을 하고, 한번 갔던 길로만 가려고 해요. 반복되는 손동작도 하고요. 장난감도 일렬로 세워놓고, 엄마와 눈맞춤도 되지 않아요. 또 대화가 되지 않아요."

"외국에서 4년 동안 생활했던 아이입니다. 유치원에 다니고 있는데 다른 아이들과 전혀 어울리지 못해요. 유치원에 가서 집에 오는 시간까지 블록 코너에서 혼자 만들기만 하고 있다고 해요. 다른 아이들에게 해를 입히지 않기 때문에 선생님에게 지적 받는 일도 없고 그야말로 혼자 노는 아이예요."

"어릴 때부터 낯을 심하게 가리고, 사람을 너무 싫어하며, 먹지 않고 밥알을 씹기도 어려워했어요. 요즘 들어 겁이 너무 많고 행동이 느리고 사람을 꺼리는 행동이 너무 심해져서 걱정이 돼요."

"이제 곧 학교를 가는 여자아이예요. 엄마가 매사 시켜야만 하고, 아직도 엄마 아빠가 함께 놀아주기만을 바라고 있어요. 하는 일 없이 멍할 때가 있고, 또래와 어울려 노는 것은 당연히 안 돼요. 자위행위도 하고요. 엄마가 잠시 외출하거나 자신이 나가 놀 때면 엄마를 누가 잡아가지 않을까 하는 걱정을 많이 하고 있어요."

"초등학교 2학년 여자아이입니다. 얼마 전 부모가 이혼을 했습니다. 그 이후 아이의 말수가 적어지고 눈을 깜빡이는 증상도 생기고 우울해하는 것 같습니다."

"초등학교 3학년 남아입니다. 우리 아이는 끝까지 변을 참다가 팬티에 대변을 계속 묻히고 6,7세부터 남의 물건을 들고 오기도 하고 눈을 깜빡거리기도 하고 거짓말도 그럴듯하게 하는 등 많은 말썽을 피우고 있어요."

"우리 아이는 5학년인데요. 상황에 맞게 대처하는 능력이 떨어지고 화가 나면 폭발적으로 대처해요. 처음 하는 것은 잘 안 하려고 하고, 수업시간에 딴 책을 읽는데 수업 내용은 다 알아들어요."

"중학교 2학년에 올라와서 성적이 많이 떨어져 최하위 수준이 되었어요. 그래서 선생님에게 지적을 많이 받고 있어요."

이처럼 놀이 치료는 발달, 행동, 정서의 문제 때문에 적응이 어려운 아이들 모두에게 도움이 되는 심리 치료 방법이다. 놀이 치료는 아이들이 스스로 선택한 방법대로 놀이를 함으로써 내면 깊숙이 자리 잡은 문제들을 극복할 수 있도록 돕는 심리 치료 방법이므로 적응상의 어려움을 느끼는 아이들이라면 그 정도의 경중과 관계없이 그 어느 누구라도 놀이 치료를 통해 도움을 받을 수 있다.

우리의 아이들은 놀이를 잘 하기만 해도 신체, 인지, 정서, 사회성이 균형 맞게 발달하게 된다. 이에 더하여 놀이는 아이 자신의 내면을 치료하는 통로가 되어 더욱 사회성이 발달하고 건강한 아이로 성장할 수 있게 돕는다.

만약 아이에게서 놀이를 빼앗는다면 어떤 일이 발생하게 될까? 발달의 불균형을 초래하는 것은 물론이거니와 자신을 충분히 표현할 통로가 사라지게 돼 아이는 자신이 경험하고 있는 심리적인 어려움을 해결할 수 있는 방법을 찾기 어려워지게 될 것이다. 그것은 아이뿐 아니라 인류에게 재앙이 될 것이다.

자! 이제 놀이를 마다할 이유가 있을까? 이제 우리들이 해야 할 일은 아이들이 마음껏 놀이할 수 있도록 보다 많은 시간과 장소를 만들어주는 것이다. ●

〈참고문헌〉

• 김광웅, 유미숙, 유재령 공역(2004). 《놀이 치료학》. 학지사
• 신숙재, 이영미, 한정원(2000). 《아동중심 놀이 치료-아동상담》. 동서문화원
• 유미선, 최명선(2006). 《놀이 치료-아동중심적 접근》. 상조사
• 황순자 역(1986). 《놀이의 심리》. 형설문화사
• Axline, V. M. (1947). *Play therapy*. NY: Ballantine Books
• Schaefer, C. E. (1993). *What is play and why is therapeutic?* In C. E. Schaefer(Ed.), *The therapeutic powers of play(1-6)*. Northwale, NJ : Jason
• Vandenberg, B. (1986). *Environment and cognitive factor in social play*. Journal of Experimental Child Psychology, 31. 169-175
• Vygotsky, L. S. (1967). *Mind in society: The development of higher mental processors*. Cambridge, Mass: Harvard University Press

순천시 기적의 놀이터
기획에서 완공, 앞으로의 계획까지

이희원

이
희
원

순천시 공원녹지사업소 담당 공무원

※ 지난 2016년 5월 7일 기적의 놀이터 '엉뚱발뚱'이 개장식을 갖고 문을 열었다. 원고 작성 시점은 2015년 12월이었다.

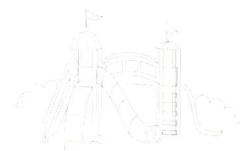

모든 아이들은 예술가다.
문제는 어른이 되어서도 예술가일 수 있는가이다.
―파블로 피카소

　요즘 우리 아이들은 에너지를 발산할 놀이 공간이 없다. 수많은 놀이터가 있지만 우리 아이들이 마음껏 뛰어놀며 꿈과 상상의 나래를 펼칠 놀이터가 없다는 말이다.
　우리 주변의 모든 놀이터가 조합 놀이대, 그네, 시소, 탄성포장 등 인공적인 시설로 틀에 박혀 있으며 획일화되어 있어 아이들이 금방 싫증을 내고 호기심을 갖지 못한다.

그 결과 밖에서 한창 뛰어놀 시기의 아이들은 PC방에서 인터넷 게임을 하고 돈을 내면서 실내놀이터나 테마파크를 이용한다. 이런 곳은 밀폐되어 있어 공기도 안 좋을 뿐만 아니라 아이들의 호기심을 자극할 수도, 모험심을 키워줄 수도 없으며 구조상 서로가 함께 뛰어놀 수조차 없도록 설계되어 있다. 이러한 시대에 살고 있는 아이들에게 기적을 선물하기 위해 기적의 놀이터 사업이 시작되었다.

함께 만드는 놀이터

기적의 놀이터 시작은 놀이기구가 없는 놀이터였다. 여기서 말하는 놀이기구는 재미없고 틀에 박힌 시설물을 말한다. 값비싼 조합 놀이대나 시설물은 당장은 아이들이 좋아하겠지만 두세 번 이용해본 아이들은 더 이상 이런 시설물을 이용하지 않는다. 아니 정확히 말하면 정상적인 목적에 맞게 이용하지 않는다가 맞는 표현이겠다.

조합 놀이대 지붕에 올라가든가 거꾸로 매달리는 등 시설물을 다른 용도로 이용하면서 안전사고에 노출되는 경우가 적지 않다.

이상하게 우리는 "하지 마" 하면 더욱 하고 싶어 하는 습성이 있다. 이건 동서양, 어른 아이를 통틀어 불변의 진리인가 보다. 어른들은 이성적인 행동이 강한 반면 아이들은 스스로를 잘 컨트롤하지 못한다. 당장 하고 싶은 일은 하고 만다. 이는 아이들의 특권이며 크게 잘못된 일이 아니라면 어른으로서 독려해줘야 한다고 생각한다.

우리 아이들은 모험과 도전을 좋아하며 그렇게 자랄 수 있도록 어른들은 여건을 만들어줘야 한다고 생각한다. 그러기 위해 인공시설물 위주의 영혼이 없는 놀이터를 다양한 자연물을 이용해 아이들이 꿈과 상상의 나래를 펼칠 수 있도록 재미있는 놀이터로 재창조하는 작업이 필요하다.

그리하여 처음으로 시작된 게 기적의 놀이터 T/F팀을 구성하여 운영하는 것이었다. 놀이터 디자이너 편해문 작가를 총괄로 아동 관련 시민단체 대표들과 산업안전협회 등 유관 기관 및 각 분야별 전문가 20여 명이 모여 2015년 1월부터 운영했다.

T/F팀은 기적의 놀이터 대상지 선정 및 각종 제반사항에 대해 논의하고 결정했다. 대상지는 순천시의 모든 공공놀이터를 대상으로 검토했으며 현장 방문을 통해 선정했다. 이렇게 결정된 대

상지가 순천시 연향2지구의 호반3공원이었다.

부지면적은 호반3어린이공원 1,800㎡와 바로 뒤 호반4근린공원 1,200㎡를 더해 총 3,000㎡이며, 인근에는 순천에서 학생 수가 가장 많은 율산초등학교가 있는 아파트 밀집지역으로, 이용 대상자인 아이들이 많았으며 향후 아동종합지원센터가 설립 예정되어 있다.

무엇보다 기존 시설물이 낡아 보수가 필요했고, 공원 뒤에 임야가 있어 자연 지형을 그대로 활용하여 아이들에게 재미를 선사할 수 있는 최적의 장소였다.

위치 선정 후 지역 주민들과 소통의 장에서 주민 참여 놀이터를 만든 서울의 학부모 모임 '산별아'를 초청하여 활동 사례 등을 배웠고 앞으로의 계획 설명과 주민들의 의견을 들었다.

또 율산초등학생 1,300여 명을 대상으로 설문조사를 통해 아이들의 놀이터에 대한 생각을 들었다. 결과는 현재의 놀이터가 재미없으며 시간을 따로 내어 이용하는 경우는 거의 없다는 것이다.

그 다음으로는 아이들 30명을 대상으로 운영한 시범학교와 가족 단위 60명을 공모하여 1박2일 동안 디자인 캠프도 운영했다.

시범학교와 디자인캠프를 운영하며 놀이터의 주인인 아이들의 생각을 들으며 느낀 점은 그동안 놀이터를 너무 '어른'스럽게 만들었다는 것이다.

놀이터와 전혀 관계없는 사람이 그저 준공 허가를 받기 위해서 법적 기준에만 부합되도록 만들어왔던 것이다. 실제로 놀이터는 아이들이 노는 곳임에도 불구하고 아이들의 생각은 전혀 반영되지 않고 있었다.

이를 개선하기 위해서는 행정만으로는 한계가 있었으며 그 한계를 극복하게 해준 게 바로 시민 참여 프로그램이었다. 시민단체와 머리를 맞대고 운영 프로그램을 구상했으며 장소 협찬에서부터 간식, 재료, 자원봉사자 모집까지 모든 걸 함께 계획했다.

캠프 프로그램으로는 서로의 관계 트기를 시작으로 놀이터 디자이너 편해문과 함께하는 세계 놀이터 여행, 현재와 미래의 놀이터 보기, 서울시 부모 모임 단체 산별아의 "우리 동네 놀이터를 이렇게 만들었답니다" 사례 소개, 우리가 직접 디자인하고 만들 놀이터 대상지 둘러보기, 그림과 찰흙을 이용해 상상의 놀이터 만들어보기, 자신이 만든 놀이터 소개하기 등 다채로운 프로그램을 구성 운영했다.

아이들에게서 나온 의견으로는 360도 토네이도 미끄럼틀에서부터 흔들다리, 동굴, 바이킹, 걸리버인형을 이용한 언덕, 그물망 등 다양했으며 이러한 의견을 모아 기적의 놀이터 설계가 완성되었다.

아이들에게 놀이터에 없어야 할 것이 무엇이냐는 질문에 강아지, 술 취한 사람, 담배 피는 사람, 벌레 등 여러 가지 답이 나왔는데 그중 가장 인상 깊은 답은 부모님이었다. 이 답변에 교실 안에 있는 모든 사람이 웃었던 기억이 지금도 생생하다. 얼굴은 웃고 있었지만 마음속으로는 아이들에게 부끄러움과 미안한 생각이 들었다.

2015년 10월 5일 시범학교와 디자인 캠프에 참여한 시민들과 아이들을 대상으로 기적의 놀이터 조성 모형을 만들어 설명하는 자리를 가졌으며, 설명이 끝나고 모형을 공개했을 때 나온 아이들의 반응은 한마디로 "우와!"였다.

서로가 앞다투어 기적의 놀이터 조성 모형을 보려고 앞으로 모여들었고 신기해하면서도 믿기 힘들다는 표정이었다. 자신의 의견이 반영됐는지, 언제 완공이 되는지 등 질문이 쏟아지며 교실이 한순간 아수라장으로 변했다.

모든 아이들의 생각을 100퍼센트 반영할 수는 없었다. 장소가 국한되어 있었고 당초 취지에서 빗나가 있는 경우도 있었고, 예산문제도 배제할 수 없었다. 하지만 아이들의 생각을 최대한 담으려고 노력했고, 우리의 그런 노력이 아이들의 눈에 비춰졌던 것 같다.

좋아하는 아이들의 눈을 보고 있으려니 기적의 놀이터 조성사업을 꼭 성공시켜 이 아이들에게 선물로 주고 싶다는 생각이 간절해졌다.

2015년 10월 24일 토요일 오후 500여 명의 시민과 아이들이 모인 가운데 기적의 놀이터 착공식을 가졌다.

'편쌤(놀이터 디자이너 편해문)과 함께하는 놀이마당' 프로그램과 그동안 추진과정에서 아이들이 참여했던 사진과 작품들이 전시됐으며, 6m×4m 크기의 대형 조감도를 공개하는 퍼포먼스와 꿈나무를 만들어 아이들의 소망을 담는 의미 있는 내용도 담았다. 500개의 원반을 준비했지만 시작 30분 만에 동이 났다. 뒤에 온 아이들은 원반을 받지 못해 속상해서 어른들이 가지고 있는 원반을 모두 회수해 아이들에게 나누어주는 해프닝도 있었다.

함께 원반을 던지며 기적의 놀이터 대상지에서 500여 명이 노는 모습은 정말 정신없음 그 자체였다. 옆에서 말하는 소리도 안

들릴 정도로 시끄러웠고 게다가 이리저리 뛰어다니는 아이들 때문에 안전사고가 나지 않을까 여간 조마조마한 게 아니었다.

다행히 한 건의 사고도 없이 행사가 잘 마무리되었지만 사전에 의료반을 준비해둔 건 잘한 일이라는 생각이 든다. 아이들이 이렇게 좋아하는 놀이터를 여기서 멈추지 말고 계속해서 만들어가야겠다는 생각을 하게 해주는 자리였다.

순천시 조충훈 시장도 참석해 자리를 빛내주었으며 아이들과 함께 원반도 던지고 소망나무에 소망도 담았다. 아이들의 생각을 듣고 앞으로도 아이들을 위해 정책적으로 계속해서 지원하겠노라고 약속도 했다.

기존의 낡은 조합 놀이대, 시소, 그네 및 탄성포장을 걷어내고 틀에 박힌 시설물 대신 아이들이 뛰어놀 수 있는 마당과 매달려 놀 수 있는 나무, 자유롭게 슬라이딩할 수 있는 비탈진 언덕, 숨바꼭질도 하고 아이들끼리 모여 놀 수 있는 동굴도 있으며, 직접 펌프를 이용해 물을 끌어올리는 체험 시설은 물론, 모험심과 도전정신을 키워줄 흔들다리와 그물망도 설치될 예정이다. 또한 바닥은 탄성매트가 아닌 흙과 모래로 깔릴 예정이다. 또한 1미터 이상 깊이의 모래 놀이터를 만들어 아이들이 물과 모래를 이용해

성도 만들고 구덩이도 마음껏 팔 수 있도록 할 계획이며 장애가 있는 아이들도 놀 수 있도록 맞춤형 모래 놀이터도 조성할 계획이다.

앞으로 기적의 놀이터를 계속해서 늘려갈 계획이며, 조성 후 관리 또한 시민이 주도하여 자원봉사자 모집 및 지역 커뮤니티를 구성 운영해갈 계획이다. 또한 놀이 문화 개선 교육과 놀이 전문가 양성 프로그램을 통해 부모님이 아이들과 함께 놀아줄 수 있는 환경을 만들 계획이다. 그리고 기회가 주어진다면 세계적인 놀이 전문가를 초청하여 놀이터 활성화 포럼 및 전국적으로 놀이터 축제 개최도 검토 중이다. 아이들이 뛰어놀 놀이터 조성도 중요하지만 운영, 관리가 더 중요하다고 생각하기 때문이다.

행복지수 1위를 지향하고 있는 순천시는 제1호 기적의 도서관과 그림책 도서관 등 우리 아이들의 미래를 위해 계속 노력하고 있으며, 제1호 기적의 도서관이 우리나라 도서관 문화의 변화를 이끌었던 것처럼 기적의 놀이터가 아이들의 놀이 문화 개선에 중요한 역할을 해주기를 바라며 나아가 순천시가 아동친화도시로 나아갈 수 있기 바란다.

기적의 놀이터 T/F팀 총괄이자 《놀이터, 위험해야 안전하다》

의 저자인 편해문 놀이터 디자이너는 이렇게 말한다.

"놀이터의 주인은 아이들이며 아이들은 살아갈 지혜를 놀이터에서 배웁니다. 아이들은 놀이터에서 '놀이밥'을 먹고 자랍니다. 놀이터에서 아이들은 자신의 한계와 만나고 간섭과 제지에서 벗어나 자유를 만끽합니다. 아이들은 학교보다 놀이터에서 살아가는 데 필요한 것을 더 많이 깨우칩니다. 놀이터를 만들 때 가장 힘이 약한 아이 생각을 귀담아듣고 놀이터를 만들면 그곳은 모두를 위한 곳이 됩니다. 놀이터 입구에 자신의 이름표를 걸려는 개인과 집단을 경계합니다. 아이들은 지혜를 바라지 않습니다. 논다는 것은 아이가 주인이 될 때 가능합니다. 아이 스스로 삶의 주인이 되는 것, 놀고 싶을 때 노는 것, 그것이 놀이입니다. 아이들에게 온갖 'PLAY'를 안겨주기보다 그들이 서 있는 'GROUND'를 친구들과 가꿔갈 수 있게 해주세요. 아이들이 위험에 도전하다 다치고, 놀다가 더러워지고, 노는 소리가 담장을 넘는, 그곳이 놀이터입니다."

그의 이러한 생각들이 기적의 놀이터 조성의 밑거름이 되었고, 지금 그 결과물을 열심히 만드는 중이다.

우리 아이들이 기적의 놀이터에서 함께 뛰어놀며 서로를 배려

하는 마음을 기르고 도전을 통해 모험심과 꿈을 키워 나갈 수 있었으면 좋겠다. 아이들이 행복해야 어른이 행복하고 그로 인해 시민 모두가 행복한 도시가 되리라 믿기 때문이다. ●

아이들의 생동감 가득한 생각을 반영하기 위한
놀이터 캠프

놀이가 아이를 바꾼다

스스로 놀이터 설계자가 되어
자신의 생각을 즐겁게 말하는 아이들

놀이터 착공식에서의
즐거운 한때

놀이가 아이를 바꾼다

2016년 5월 기적의 놀이터 '엉뚱발뚱'이 완공됐다.

놀이터의 주인은 아이들이다.

완성된 놀이터

어린이에게
'놀이터'라는 사건

– 함께 성장할 놀이터 짓기를 생각하는
  한 건축가의 제언

지정우

지정우
Jungwoo Ji

건축가, 건축선생이자 아빠. 서울에서 유경건축(www.eukarchitects.com)이라는 건축사무소를 공동 운영하며 미국 중부 대평원에 있는 아이오와 주립대학교(Iowa State University)에서 대학생들을 가르치고 있다. 공공적 성격의 공간과 주택 설계를 할 때는 어린이 공간에 특히 관심을 두며 한국과 미국에서 어린이 건축 프로그램을 개발하고 참여해왔다. 웅진씽크빅에서 〈나는야 꼬마 건축가〉 편을 출판했고 경기도 어린이박물관의 초빙을 받아 어린이 파빌리온 만들기를 진행했다. 2013년에는 서울시 대학생 워크숍에서 '우리 동네 어린이집'을 주제로 코디네이터와 튜터를 맡으며 대학생들과 새로운 개념의 어린이 공간을 구상했다. 거리가 먼 건축가보다 '엄마 건축가', '아빠 건축가'로 다가가는 것을 지향한다. 고려대학교와 Cornell 대학원에서 건축을 공부했으며, 김수근건축상 프리뷰상, 미국건축가협회 캔사스시티지부 젊은건축가상, 서울시벤치공모 대상, 김태수건축장학상 등을 수상했다.
jungwooji@gmail.com

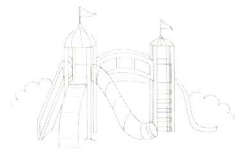

"당신은 어떤 사람과 평생동안 대화를 하는 것보다
그와 한 시간 놀 때 더 많은 것을 배울 수 있다."
- 플라톤

얼마 전 필자가 가르치는 미국 아이오와 주립대학교 디자인 스튜디오에서 기말 과제 발표에 심사 차 왔던 한 초청 리뷰어의 이메일에는 위의 플라톤의 글귀가 서명과 함께 써 있었다. 이번 학기 디자인 스튜디오에서 주제로 삼았던 것은 '아이들을 위한 디자인(Design for Kids)'으로 평소 필자가 관심이 많았던 어린이들의 호기심과 눈높이를 이해하고 그들을 위한 디자인과 공간에

필자의 미국 아이오와 주립대학교 디자인 스튜디오의
'아이들의 놀이집' 과제 발표. 사진 필자 제공

초점을 맞췄으며 기말 과제는 '아이들의 놀이집(Kids Playhouse)'이었는데 과제 발표에 동료 교수들뿐 아니라, 항상 아이들과 같이 지내고 그 공간을 운영하는 동네 공공 도서관의 어린이섹션 매니저를 초대했던 것이다. 이런저런 동네 어린이 관련 행사가 벌어지면 항상 볼 수 있는 그분과 이메일로 초대 연락을 나누며 본 그 짤막한 플라톤의 글귀를 통해, 도서관 어린이 섹션 담당자로서 '놀이의 중요성'을 널리 전파하고자 하는 의지를 엿볼 수 있었다.

우리 사회에서 '배움'은 '교육'의 다른 의미로 사용이 되면서 현실적으로는 한정된 공간 안에서 책과 선생님의 일방향 교육을 통해서 지식을 축적해나가는 것으로 인식되는 경우가 많은 것이 사실인데 사실 배운다는 것은 '땅 위에서 몸을 움직이며 놀 때' (LEARN=MOVE+PLAY ON GROUND) 머리에 뿐만 아니라 몸 전체와 가슴에 입체적으로 새겨지는 지혜라고 생각할 수 있지 않을까 한다. 이는 마치 삭막한 수직 단지로 둘러싸인 아파트에서 살 때의 감각과, 시간과 이웃이 있는 골목을 지나 계단을 오르락내리락 하며 입체적인 공간이 있는 주택에서 살 때의 감각만큼이나 차이가 있다고 보여진다. 건축가의 관점에서 확대해봤을 때 '동네가 놀이터' 자체일 때 가장 이상적인 놀이 공간이자 배움 공간이고 그것이 입체적으로 구성되었을 때 확장된 놀이터라고 이야기할 수 있겠다. 즉, 법령에 기준하여 최소한의 요건을 충족시키는 상태로 어린이 놀이터를 만들어놓는 것으로는 진정한 놀이터라고 보기 어렵다. 우리가 어릴 때 골목에서 숨바꼭질을 하고 땅따먹기를 하며 익힌 공간감이 어른이 되어서도 잠재의식 속에 남는 것을 기억해볼 때 지금의 아이들을 제한된 공간 안에 가두어놓고 거기서만 놀아라 하는 것은 정말 안타까운 일이다. 궁극적으로는 놀이터에 대한 이슈가 동네와 마을 전체가 어린이에게 적합한 공간이 되어야 한다는 차원으로 확대되어야 좀 더 근본적인 어린이 놀이 환경이 되겠다. 그러나 우선은 현실적인 어린이 놀이 환경인 놀이터 자체를 건축적 관점에서 살펴보는 것을 그 시작으로 하려 한다.

건축(가)와 놀이터

그렇다면 마을이나 동네에서 느낄 수 있는 공간감과 즐거움과 배움을 어린이들이 놀이터에서 경험할 수 있어야 할 텐데 그만큼 사려깊은 건축가의 공간계획이 기본이 되어야 한다고 본다. 건축가는 단지 시설물을 '설치'하는 사람이 아닌 사용자의 이야기를 위해 입체적인 공간을 계획하고 설계하는 사람이라고 할 수 있다. 예를 들어 건축가인 필자가 '집'을 설계할 때 가장 중점을 두는 요소 중 하나는 바로 '어린이 공간'이다. 엄마 아빠의 편한 동선과 취미 공간도 중요하지만 아이의 눈높이에 맞는 공간, 입체적인 경험이 가능한 공간, 다양한 행동과 감성을 자극하는 공간을 주로 만들다보면 자연스럽게 가족의 여러 가지 요구가 통합되는 경우가 많다. 어른도 한때는 어린이였고 그런 공간에 대한 향수가 있었기 때문일지도 모르겠다. 예를 들면 집의 1층과 2층을 연결하는 계단도 약간만 머물 수 있는 공간을 마련해주면 아이들이 그곳에서 걸터앉아서 책을 읽기도 하고 엄마 아빠와 간식을 먹으며 영화를 보기도 한다. 실제 필자가 설계한 '책 읽는 집'은 계단실이 가족실이 되어 걸터앉아, 누워서 책도 보고 밖을 보며 같이 대화를 나누는 집 안의 중심공간이 되었다. 즉, 여러 가지 '사건(events)'들이 일어날 수 있는 토대를 만들어준 것이다.

어린이들은 나이가 어릴수록 '사건'들을 잘 기억한다. 왜냐하면 몸을 직접 움직이고 오감으로 체험했기에 몸과 가슴이 기억하기 때문이다. 엄마의 등에 업혔던 사건, 아빠가 목마를 태워준 사건, 저녁 어스름에 골목에서 집으로 들어가던 순간의 기억 등 사소하고 반복되는 것부터 삶에 한 번 일어난 사건들까지 차곡차곡 기억에 축적되어간다. 반면 어른들은 '해야 할 일'들에 휩싸여 살게 되며 그것들 중 일부를 아이들에게 하나둘씩 요구를 하게 된다. 어린이들이 나이가 들수록 부모와 사회로부터 '해야 할 일'에 대해서 요구를 받는 것이 많아지면서 그런 기억 속의 사건들이 하나둘씩 밀려나간다고 필자는 믿고 있다.

집을 디자인하는 것과 마찬가지로 놀이터를 디자인할 때도 어

필자가 설계한 '책 읽는 집'의 계단실은 가족 서재로 어느 곳이든 걸터앉아 책을 보거나 놀 수 있는 공간이다. 사진 진효숙 작가 제공

린이만을 위한 공간과 핸드폰 들고 벤치에 앉아 있기만 하는 어른 공간을 구분하는 것은 바람직하지 않다고 생각한다. 어떤 부분에서는 부모님들도 같이 섞여서 사건들이 생길 수 있는 놀이터가 더 좋은 놀이터라 여긴다. 그래야 그런 느낌을 서로 나누며 부모와 아이가 이야기를 나눌 수 있고 그것이 놀이의 '연장'으로 또다른 배움이 될 것이라 믿는다.

보통의 사람들은 놀이터라고 하면 흔히 각종 움직이는 놀이기구들이 가득 차 있는 장소를 생각하기 쉽다. 놀이터 디자인이라고 하면 그런 놀이기구들을 어떻게 배치할 것인가를 떠올릴지도 모르겠다. 그것은 사건 대신에 '해야 할 일'들이 가득 차는 것과 다를 바 없을 것이다. 필자의 열 살짜리 아들은 어릴 때부터 경사로만 있으면 그렇게 좋아했다. 평지와 같은 길이의 공간이어도 경사로로 되어 있으면 즐거워하며 뛴다. 그리고 그것을 반복한다. 경사로를 포함하여 건축가가 사용하는 기본적인 건축형태 언어인 계단, 벽, 기둥, 바닥, 문, 창문 등도 놀이터의 놀이기구가 될 수 있다. 거창하고 복잡하게 디자인된 놀이기구가 아니더라도 놀이터는 충분히 아이들의 상상력을 자극하는 공간이 될 수 있고 다양한 사건을 포함할 수 있는 것이다. 사실 건축가들도 이러한 기본 건축형태들을 이용하여 그 수많은 '다른' 그리고 '좋은' 건축물을 디자인하는 것이기도 하니까.

현실과 동떨어진 놀이터에서만 볼 수 있는 놀이기구들 사이에서 논 아이들보다는 어느 건축물에서도 볼 수 있는 기둥, 벽, 계단 등으로 만들어진 놀이터에서 나름의 이야기를 갖고 시간을 보낸 어린이들이 나중에 현실 건축물과 도시환경을 더 잘 이해하고 그 안에서 새로운 가능성을 찾아내는 배경이 될 수도 있을 것이다. 실제로 세심하게 잘 디자인된 세계의 놀이터들 중에는 단순한 기본 건축 요소들만으로 구성되어 다양한 아이들의 행동과 이야기를 담아내는 경우를 심심치 않게 볼 수 있다. 즉 단순히 여러 놀이기구들에 아이들을 넣어 놓고 그곳에서 정신없이 신나게 노는 것만으로 좋은 놀이터라고 생각하면 안 된다. 특히 패스트푸드점이나 쇼핑몰 안, 혹은 키즈 카페 안에 있는 놀이터들이 이런 경우가 많은데 아이들은 정말 혼이 나갔듯 맹렬하게 뛰어놀지만 서로간의 이야기도 없고 그 맹렬함의 변화도 없다. 그에 반해 아이들이 상상할 수 있고 이야기를 만들어낼 수 있는 놀이터가 더 좋은 놀이터라고 생각한다. 통나무 몇 개만 가로질러 있어도 아이들은 오르거나 매달리거나 기대거나 기어가거나 하면서 자신만의 스토리를 만들 수 있다. 예를 들면 좁고 긴 바닥판이 오르내리고 있는 뉴욕 소호(SoHO, New York) 거리의 공립 놀이터는 아이들

뉴욕 소호 지역의 놀이터에는
좁은 면적에 오르내리는
다리 같은 길이 무척 길게 연결되어
그 위와 아래에서 아이들이
재미있게 여러 놀이를 즐긴다.

의 움직임이 계속 이어지고 웃음소리가 끊이질 않는다.

　근대의 걸출한 건축가였던 르 코르뷔지에(Le Corbusier)는 여러 새로운 유형의 건축물들을 세상에 많이 내놓았었지만 그중에서도 1952년에 만든 '유니테 다비타시옹(Unité d'Habitation)'이라고 하는 집합주택의 옥상에는 콘크리트로 만든 어린이들을 위한 놀이터가 있다. 우리가 요즈음 볼 수 있는 철제나 플라스틱 구조물의 복잡한 놀이터가 아닌 어찌 보면 휑할 수도 있는 형태 몇 개가 전부다. 건축물 자체가 당시 새로운 재료였던 콘크리트의 거칠고 힘있는 마감으로 만들어졌는데 옥상의 어린이 놀이터 또한 같은 재료로 조형적으로 만들어져서 동네 아이들이 단순하지만 동굴 같기도 벽 같기도 한 그곳에서 항상 재미있게 놀곤 한다. 이 건축에서는 어디까지가 집합주택 자체이고 어디부터가 놀이터인지 사실 구분이 쉽지 않은 것도 사실이다. 물론 아이들도 놀이를 굳이 놀이터라고 정해진 테두리 안에서만 놀 이유가 있지도 않다. 즉, 잘된 건축은 그 자체가 놀이터이면서 안전하다.

　건축 사진을 찍을 때 아이러니하게도 그 공간의 주인공인 사람들은 마치 조형적인 건물의 배경처럼 찍히는 경우를 종종 보게 되곤 하는데, 특히 거창한 건물일수록 단지 공간의 크기감을 비

프랑스 마르세이유의 집합주거, 유니테 다비타 시옹의 옥상 어린이 놀이터. 단순한 조형이지만 아이들의 상상력이 더해진 공간.

사진출처:
http://www.heathershimmin.com/le-corbusier
http://plusarchitekt.tumblr.com/post/79897625246/children-playing-on-the-roof-terrace-of-le,
컬러사진 이효진 제공

교하기 위해서 사람이 그 안에 포함되는 경우가 많다. 하지만 최근 건축의 문턱이 낮아지고 건축가들도 좀 더 재기 발랄해지면서 실제 그곳에서의 사람들의 행동이 건축 사진의 중요한 부분으로 다뤄지는 경향이 보인다. 소박한 건축물일수록, 좀 더 세심하게 사람들이 배려된 건축물일수록, 사진에서는 건축물보다는 그것을 즐기고 생활하는 사람이 더 드러나는 법이다. 덴마크의 BIG과 JDS라고 하는 젊은 건축 그룹에서 디자인한 해양청소년센터 (Maritime Youth House, 2004) 같은 경우는 놀이터는 아니지만 아이들과 청소년들의 움직임을 모티프로 그것을 담을 수 있게 구불구불한 데크로 지붕과 마당이 연결되어 있다. 그곳에서 아이들은 건축물의 지붕을 타고 내려오는 미끄럼도 타고, 하키를 하기도 하는 모습이 건축사진으로 종종 찍혀서 소개되곤 한다. 필자를 포함한 우리나라의 젊은 건축가들이 설계하는 주택이나 어린이집, 도서관 등도 그곳을 점유하고 놀, 생활할, 어린이들의 행태에서 모티프를 얻고 그 움직임을 담아낼 수 있게 디자인되는 경우가 종종 보인다. 즉, 놀이터 건축의 마인드가 일반 생활공간까지 확대되어간다고 볼 수도 있을 것이다.

많은 분들이 우리 사회에서 과연 건축가가 놀이터 설계를 하는

덴마크의 해양청소년센터는 건축물이 곧 놀이터이다. 사진 credit: Forgemind ArchiMedia

지붕과 바닥이 자연스럽게 연결되어 어린이뿐 아니라 모든 세대가 어우러질 수 있는 필자가 디자인한 공원시설. 이미지 필자 제공

것인가에 대한 궁금증이 있을 수 있는데 현재는 건축가가 놀이터를 디자인하는 경우는 크게 찾아보기 어려운 것이 사실이다. 아파트 단지의 경우 시공사나 관리 주체가 놀이터 시설 전문 업체에 의뢰하여 설치를 하는 정도이고, 최근 시민단체나 복지단체 등이 중심이 되어 낙후된 마을 공공 놀이터를 개선하려는 움직임이 있으나 그 과정에 건축가가 총체적인 계획을 할 수 있는 여건은 여전히 부족한 상태다. 그러나 이러한 종합적인 건축 공간을

다루는 건축가가 분명히 놀이터 디자인에 참여해야 할 것으로 생각된다. 놀이터는 '고립된' 혹은 '독립된' '시설'이 아니라 일상 생활 공간의 일부이고 무엇보다 상상력을 많이 담아낼 수 있어야 하기에 그런 상상력의 훈련을 주로 해온 건축가들이 놀이터 디자인의 적임자라고 생각한다. 또한 놀이터가 마을이나 단지에 어떻게 관계를 맺고 어떤 영향을 끼칠 수 있는지 종합적으로 구상을 해야 한다는 점에서도 그렇다.

이와 함께 놀이터 디자인은 단지 놀이기구 디자인이나 놀이기구의 배치만을 의미하지 않는다. 놀이터 문화가 발달된 국가에서는 지역 여건과 요구조건을 분석하여 건축가와 산업디자이너가 협력하여 놀이기구를 디자인하고 조경가와 건축가가 협력하여 놀이터 디자인을 진행하며 근본적으로는 인문학자, 조경가, 건축가, 디자이너들이 머리를 맞대고 놀이 개념을 디자인해나간다고 보면 된다. 즉, 다른 건축물들이나 조경 디자인, 도시설계가 그러하듯 큰 개념부터 실제 구성 요소까지 각 분야의 전문가들이 협력하여 놀이터도 만들어져야 하며 건축가는 모든 분야를 오가며 디자인과 조율을 해나갈 수 있어야 한다. 그렇다면 놀이터를 계획하는 데 어떤 건축적인 방향이 고려되어야 할까.

놀이터 짓기의 방향 ①
장소와 조경으로서의 놀이터

놀이터는 '놀이'+'터'로 이루어진 말이며, '놀이'는 딱 정해진 형태라기보다는 아이들의 움직임, 즐거움, 협동, 이야기 같은 보이지 않는 것들이고 '터'는 '장소' 혹은 '땅' 이라는 의미다. 아이들에게는 넓고 평평한 땅보다는 좁아도 변화가 있는 땅이 더 호기심을 자극하고 놀이를 촉진시킨다. 그러므로 '랜드스케이프(Landscape)' 즉 조경 건축이 놀이터 만들기의 중요한 부분이고 그 랜드스케이프에는 단지 높낮이와 각도의 변화뿐 아니라 다른 자연 재질의 감촉을 만져보고 경험할 수 있는 질감이나 촉감도 포함되며 식물 등의 식재도 통합적으로 고려되어야 한다는 것이 담겨 있다고 할 수 있다. 손에 흙이 묻지 않는 깔끔한 놀이터보다는 모래도 만질 수 있고, 축축한 흙도 퍼다 나르고, 그 안에 벌레들을 발견할 수 있는 놀이터가 기본적으로 아이에게 바람직한 것이다. 그러므로 '놀이기구=놀이터' 라는 인식을 벗어나서 생각할 필요가 있고 단지 놀이기구를 '디자인'하거나 '설치'하는 것을 넘어서서 포괄적인 '조성'의 의미를 담아서 '짓는다'는 표현을 쓰고 싶다.

땅 자체가 놀이터일 수 있다. 아이들은 항상 땅의 모든 것에 호기심이 많다. 사진 필자 제공

즉, 놀이터 짓기는 구상, 디자인, 만들기, 설치, 이야기 짓기, 담기, 상상력 이끌어내기 등을 모두 포괄하는 것으로 볼 수 있겠다.

얼핏 어린이 놀이터라고 하면 알록달록한 컬러의 놀이기구와 캐릭터 모양이나 그래픽 등을 먼저 떠올릴 수도 있겠지만 실제 어린이들의 상상력을 자극하는 것은 그러한 컬러나 캐릭터가 아니라 자연의 재료 혹은 무채색에 가까운 중성적인 느낌의 구조물들이다. 거기에 아이들 스스로 이야기를 짓고 상상력을 더하는 것이 더 중요하다. 놀이동산이나 백화점 같은 놀이터는 아이들을 쉽게 흥분하게 하고 쉽게 싫증나게 만들 수 있다. 그보다는 단순해도 아이들에 의해서 다양하게 해석되고 놀 수 있는 놀이터가 좋은 놀이터다. 놀이터로 유명한 네덜란드에는 화려한 색감이나 신기한 형태의 놀이기구보다는 그 장소에만 있는 상상력을 자극하는 구조물이 목재와 끈 같은 자연재료를 드러내며 아이들의 여러 놀이를 포함하는 경우가 많다. 이는 집이나 건축도 마찬가지다. 좋은 요소가 다 섞여 있거나 특정한 형태를 지향한 건축은 쉽게 질린다. 어떤 사람이 보면 손을 모은 것 같고, 어떤 사람이 보면 배 같기도 하며, 다른 사람이 느끼기에는 책을 펼친 것 같이 보이는 등 여러 각도로 해석될 수 있는 여지를 주는 건축이 좀 더 사람에게 의미있는 것 같다.

  이러한 놀이터는 아이들에게 '장소'로 다가가야 한다. 놀이터 전체가 장소로 기억되기도 하겠지만 어느 특정한 나무 아래, 한 구석 등이 특히 개개인 어린이들에게 기억에 남는 장소가 될 수도 있어야 할 것이다. 그 장소에 개개인의 사건들이 중첩될 때 더 오래 기억에 남을 것이다. 그 장소는 조금 더 커서 청소년이 되었을 때, 어른이 되어 힘든 일이 있었을 때도 다시 돌아가서 유년의 기억을 더듬어보는 매개체가 되어야 한다. 그러므로 새로 조성되고 한두 해 뒤에 싹 교체되는 아파트 단지의 깨끗하고 온갖 새로운 놀이기구가 가득한 놀이터보다는 적어도 10년 이상 지난 그리고 지날 놀이터를 어떻게 아이들의 기억의 장소로 유지하며 조금씩 발전시킬지를 고민해봐야 한다는 이야기다. 건축에서도 새로 건물을 올리는 것보다 기존의 구조물을 유지한 채 새로운 생명을 불어넣어주는 재생 개념이 중요한 시대인 것이 놀이터 짓기에도 그대로 적용이 될 패러다임일 수 있겠다.

예를 들어 오래된 놀이기구를 싹 없애는 것이 아니라 안전이 취약한 부분을 보강하여 새로운 자연재료를 덧대서 플랫폼을 만들어주어 그 주변을 오르락내리락 하며 볼 수 있게 한다든지, 그 동네에서 재활용할 수 있는 바위나 구조물을 가져와서 그것을 기본으로 미끄럼틀이나 암벽등반 같은 것을 더할 수도 있을 것이다. 결국은 건축가의 아이디어가 더해졌을 때 새로운 가능성의 재생이 그 장소성을 강화시킬 수도 있겠다.

놀이터 짓기의 방향 2
시간성과 고유한 정서

새로 지어지는 것들이 항상 좋은 것만은 아니다. 그리고 '대량'

으로 생산되는 것만이 좋은 것도 아니다. 우리가 물건을 사는 경험 자체를 중요하게 생각할 때 대형 마트에 가서 대량 생산된 물건을 집어 드는 것보다 거리나 골목의 작은 가게들의 물건들을 하나하나 골라보고 구경하는 것에 가치를 두듯이 말이다. 그러한 물건들은 거기에서만 살 수 있는 것들이 대부분이다. 어디서나 볼 수 있고 어디서나 탈 수 있는 놀이기구들이 반복되는 놀이터는 애정을 갖기 힘들다. 후루룩 타보고 끝나는 기구들에 다름이 아니다. 그러므로 놀이터 짓기에 새로운 트렌드만을 지향하는 것은 위험하다. 그 지역에 맞는 아이덴티티가 놀이터에도 스며들어야 하고 그것이 오랜 동안 유지되면서 변화하는 것이 필요하다. 예를 들어 그 동네가 예전부터 푸른 돌로 유명했던 지역이라면 기성 놀이기구 제품을 사서 설치하는 것보다 그 돌을 이용하여 거기에만 있는 놀이터를 구상하는 것이 더 낫지 않을까.

필자가 학기 중에 대학에서 가르치고 있는 미국 중부의 작은 소도시 아이오와 주 에임즈의 한 초등학교에는 25년이 넘은 목재 놀이터가 있었다. 특별하게 신기한 놀이기구가 있는 것은 아니었는데 마치 작은 도시처럼 구성된 그 목재 구축물들이 아이들의 다양한 이야기를 담았고, 시간이 갈수록 은회색으로 바뀌어간 그 놀이터만큼 나이가 든 주민들이 자신의 아이들과 다시 찾으며 같이 놀며 이야기를 전해줄 수 있는 매개체였다. 다른 곳에 새롭고 기발한 놀이기구들이 들어찬 놀이터들이 많이 생겨도 그곳은 아이부터 할머니 할아버지까지 끊임없이 사람들이 찾았다. 학교의 확장 공사로 아쉽게 철거가 결정되자 동네 사람들이 모두 모여 그 놀이터와 얽힌 추억을 회고하고 같이 사진을 찍고 하는 모습에서 놀이터는 단순한 물건이 아니라 사람들과 교감을 나누는 정서로 존재함을 느끼게 된다.

놀이터 짓기의 방향 ③
명확한 힘의 원리, 진실한 재료

놀이터의 놀이기구들은 아이들의 움직임에 직접적으로 반응하고 대응하는 대상이다 보니 튼튼해야 하고 다양한 가능성 혹은 위험성에 대비하여 구축이 되어야 한다. 그리고 그러한 구조적 튼튼함과 가능성, 위험성들은 시각적으로 분명하게 드러나서 어른들뿐 아니라 아이들도 자신이 움직이는 패턴이나 힘의 강도들을 스스로 조절할 수 있어야 할 것이다. 예를 들어 아주 튼튼하게 철 파이프처럼 생긴 철봉이 있었는데 알고 보니 플라스틱에

아이오와 주의 소도시,
에임즈 공립학교의 오래된 놀이터.
특별한 놀이기구가 없어도
장소의 기억과 공간의 재미를 느낄 수 있다.

놀이가 아이를 바꾼다

표면만 철처럼 칠을 하여 마감한 것이라면 아이가 힘껏 매달렸다가 속절없이 휘어지거나 부러져버렸을 때 놀이기구에 '속았다'고 할 수 있을지 모른다. 예전의 놀이터들은 파이프로 만들어졌든, 목재로 되었든, 벽돌, 혹은 콘크리트로 구축이 되었든 그 기본 구조 원리가 한눈에 명확했다. 아빠가 아이를 위해 그네를 만들어줄 때 그 그네를 잡고 있는 수평 목재가 있고 그 목재를 받치는 다리가 있으며 그 다리들이 벌어지지 않게 잡아주는 작은 수평 부재가 있고, 서로 뒤틀리지 않게 하기 위한 대각선 부재가 더해지는 것처럼. '아, 내가 저기 매달리면 양쪽의 다리가 튼튼하

철재로 만들어진 놀이터. 거짓없이 명확한 연결관계가 시각적으로 확인이 가능하다. 사진 필자 제공

한 아울렛 매장 안의 놀이터. 돌을 쌓은것처럼 보이는 것도 플라스틱이요, 나무 사이딩 같이 보이는 것도 플라스틱으로 흉내만 낸 가짜 재료 놀이터다.

게 지탱해주겠구나' '아, 저 끈을 잡고 올라가면 이 판이 나를 받쳐주겠구나' '아, 저 콘크리트로 된 구멍을 통과해도 그 위의 흙이 무너져내리지 않겠구나'와 같이 무의식중에 놀이터에 대한 신뢰를 바탕으로 마음껏 놀 수 있는 것이다.

좀 더 다양한 재료들, 새로운 형태들이 시도되더라도 기본 원리는 같아야 한다. 그러나 플라스틱 계열의 재료들이 등장하면서 형태는 예전 구조 부재들이 힘을 전달하는 형태를 '흉내' 내기만 하는 껍데기식의 놀이기구는 경계해야 한다. 돌이 아닌데 마치 돌을 쌓은 것같이 형태를 만드는 것은 거짓이다. 나무가 아닌데 마치 나무처럼 색을 칠해놓는 것은 가짜다. 비록 같은 혹은 더 튼튼한 강도를 지녔다고 해도 말이다. 새로운 재료를 쓰려면 그 재료 성질에 맞는 새로운 구조원리가 드러나는 형태를 가져야 한

뉴욕 유니온스퀘어파크 안에 있는 어린이 놀이터에는 커다란 금속 구가 있다. 그 위에 텐트는 처음에는 없었으나 한여름의 직사광선으로부터 구를 보호하기 위해 추가되었다. 사진 한진형 제공
http://www.mommynearest.com/articles/5-best-playgrounds-for-kids-in-manhattan

다. 미끄럼틀 위에 놓인 지붕이 벽돌로 쌓여서 경사 지붕을 만든 것처럼 플라스틱으로 껍데기를 만들어놓는다면 아이들에게 잠재적으로 거짓을 가르치고 있는 것이라고 할 수 있다.

  힘의 전달 뿐만 아니라 다른 감각의 전달도 마찬가지다. 한쪽 끝에서 소리를 내면 다른 한쪽 끝으로 소리가 나오는 파이프는 그것이 블랙박스 속에 감춰진 것이 아니라 하나로 연결된 것이 보여야 이해가 된다. 땅 속으로 들어갔다 나오더라도 직관적으로 이어졌음을 눈치챌 수 있어야 한다. 뉴욕 맨해튼의 한 놀이터에는 금속으로 된 커다란 구가 있어서 아이들이 오르내리며 즐겁게 놀 수 있는데, 당연히 여름 햇빛을 받으면 뜨겁게 되는 터라 그 위에 패브릭 지붕을 설치하여 그늘을 드리우고 있다. '아, 저 그늘이 이 금속 구를 더 이상 뜨겁지 않게 도와주는구나' 하고 아이들은 이해한다.

이러한 명확한 구조와 진실한 재료로 만드는 상식적인 방식을 압도하는 것은 '아이들의 안전'이라는 명목이다. 그러나 모든 것이 명확하고 진실된 표현일수록 아이들이 이해하고 조심하며 자신의 힘과 감정을 자연스럽게 조절하는 법을 배우게 된다. 미국에서도 어린이 놀이 환경에서 지나친 안전 지상주의가 아이들의 상상력과 심신의 건강을 저해한다는 목소리가 높아지면서 좀 더 개방적이고 자연재료를 사용한 놀이 환경을 추구하는 경향이 늘어가고 있다.

아이들은 놀이터에서 세상을 배운다. 놀이기구 또한 아이들에게 세상의 일부다. 놀이기구와 놀이터에서 힘이 전달되는 과정을 관찰하고 구조물이 구축된 방식을 잠재적으로 건강하게 깨닫는다. 그래야 어른이 된 후 세상의 보이지 않는 힘에 대처하는 상식을 키울 수 있다고 확대한다면 너무 과장일까.

놀이터 짓기의 방향 ❹
새로운 프로토타입의 개발 노력

모든 경우와 장소에 건축가, 조경가, 산업디자이너가 고유한 장소성을 가지고 자연재료의 구조물로 놀이터를 만들기는 현실적으로 불가능할 것이다. 한시가 급하게 조성해야 할 경우도 많고, 예산도 턱없이 부족한 경우도 대부분일 것이다. 장소별 놀이터 짓기의 근본 구상을 구체화하는 노력과 동시에 어쩌면 더 시급하게 이루어져야 할 것은 놀이기구의 새로운 유형(프로토타입prototype)을 개발하는 일일 수 있겠다. 대량생산이 불가피하다면 산업적으로 대량생산되어 다시 상황에 맞게 변화, 변화 조립(커스터마이징 customizing)할 수 있는 시스템적인 놀이기구, 플라스틱 계열 소재로 만든다면 자연의 재료를 가짜로 흉내내는 방식이 아니라 플라스틱 재질이 가질 수 있는 형태와 구성원리를 이용하여 아이들

플라스틱 재료의 가소성을 이용해서 새로운 공간감을 경험할 수 있는 입체적인 놀이기구. 다양한 조립 방식에 따라 커스터마이징이 가능하다. 사진 필자 제공

직선과 반원형 철재 파이프의 조합으로 가능한 다양한 움직임. 사진 필자 제공

의 새로운 움직임을 담아낼 수 있는 방식을 고민해야 할 것이다. 목재로 만들더라도 오두막, 전형적인 새집같이 만들거나, 철재로 만들 때 모두 용접하여 용을 형상화한다든지 하는 고착화된 형태를 맹목적으로 따라 반복해서 만들 것이 아니라, 추상적이지만 힘이 표현되어 보이도록 재료에 따른 여러 형태별 프로토타입을 개발해야 한다.

이것은 놀이기구 설치 시공을 주로 하는 현재의 놀이터 업체의 상황에서는 쉽지 않아 보인다. 하지만 지자체, 박물관이나 국공립 공원 등 정부 단체, 기업의 사회 공헌 단체나 시민 단체 등이 제대로 팀을 꾸려서 정당한 대가를 지불하고 '어린이 놀이터 프로토타입 연구' 같은 프로젝트를 만든다면 의미있는 선도적인 역할을 하면서 시급한 곳에 커스터마이징하며 적용할 수 있을 것이다. 대학 내 과제로서도 단지 산업디자인 학과뿐 아니라 건축학과, 실내건축학과, 조경학과, 사회학과, 철학과, 재료공학과 등의 융복합 프로젝트로도 이만한 것이 없을 것이다.

놀이터 짓기의 방향 5
함께하는 소통의 풍경

다시 이야기하지만 놀이터는 단순히 육체적으로 즐겁게 놀기만 하는 곳이 아니다. 그것을 통해서 배우고 이해하고 성장하는 장소다. 세상은 한 가지 시선만으로 판단될 수 없다. 다양함이 공존하는 것, 다름이 조화를 이루는 것을 놀이터에서 놀면서 자연스럽게 익힐 수 있으면 그 어린이들이 성장해가며, 그리고 어른이 되었을 때의 세상은 좀 더 살만한 곳이 될 수 있을 거라 소망해본다. 아프리카 속담 중에 이런 말이 있다. "빨리 가고 싶다면, 혼자 가라. 멀리 가고 싶다면, 함께 가라(If you want to go quickly, go alone. If you want to go far, go together)." 놀이터에 적용한다면 "빨리 놀고 싶다면, 혼자 놀아라. 오래 놀고 싶다면, 함께 놀아라." 정도 될 수 있을 듯하다. 즉, 다양한 아이들의 움직임을 담으면서도 각기 개별적으로 놀고 있는 것이 아닌 함께 하는 풍경이 만들어져야 한다는 이야기일 수 있겠다. 각기 개별적으로 노는 것만으로 끝난다면 그것은 놀이터가 아닌 돈을 내고 놀이기구를 타는 놀이동산과 다를 바 없을 것이다.

아이들의 놀이에는 여러 가지 종류가 있는데 1. 활동적인 놀이 2. 집 짓기 놀이 3. 이야기 짓기 놀이 4. 관계 짓기 놀이 5. 관찰하

아이들은 자신들이 직접 짓는 '본부'를 좋아한다. 예나 지금이나. 사진 필자 제공

기 놀이 등으로 구분해볼 수 있겠다. 1번부터 5번은 활동량이 큰 것부터 작은 것까지의 순서라 보면 될 것인데 '활동적인 놀이'는 말 그대로 신체적인 움직임이 가장 적극적인 놀이로, 여러 놀이기구를 타거나 게임을 하며 몸을 움직이는 것을 말한다. 쉬운 것부터 조금씩 신체적 움직임의 난이도가 높은 것까지 점진적인 배치가 고려되어야 할 것이다. '집 짓기 놀이'는 쉽게 생각하여 우리가 어릴 때 집이나 놀이터 구석에서 만들었던 '본부'를 만드는 것이라고 떠올리면 된다. 무언가를 직접 쌓고, 파고, 움직여서 어린이들 손으로 새로운 구축물을 만드는 것인데, 아이들은 자신들이 직접 만든 어떤 공간 속에 들어갔을 때 큰 기쁨을 느끼기에 블럭이든, 모래박스든 목재 재료들이든 아이들이 움직일 수 있는 재료들이 필요할 것이다.

'이야기 짓기' 놀이는 일종의 상황극 같은 것이다. "네가 아빠 해, 내가 엄마할게" 같은 역할을 서로 배분하거나 팀을 나눠서 스타워즈 흉내를 낸다든지 하는 것일 수 있다. 건축 설계에서 'Form follows function(형태는 기능을 따른다)'라는 이야기가 있다. 이야기 짓기의 놀이터는 바꿔 말하면 'Form follows kid's fiction(형태는 아이들의 이야기를 따른다)'는 표현이 적절할 것

개인적인 놀이와 상호작용으로 노는 놀이가 적절히 균형을 이루며 응시할 수 있는 다소 높은 곳도 존재하는 놀이터. 사진 필자 제공

이다. 아이들의 상상력이 더해져서 새로운 용도로 사용될 수 있는 벽이나 기둥, 연결 다리 등 기본적인 건축 요소들이 효과적으로 사용될 수 있을 것이다. '관계 짓기 놀이'는 이야기 짓기와 유사할 수 있겠지만 아이들 사이에서 사회성을 키우는 관계를 스스로 찾아가고 만들어가는 놀이라고 할 수 있다. 서로 이야기를 한다든지, 소리를 지른다든지, 서로 모르는 것을 가르쳐준다든지 하는 것들이 포함될 수 있다. 다용도로 해석되어 사용될 수 있는 형태라든지 계단 같은 요소, 조경 요소 등이 그런 관계 짓기에

유용한 수단이 될 수 있을 것이다. 마지막으로 '관찰하기 놀이'라는 것은 같이 어울려 놀기도 하지만 때로는 다른 아이들이 노는 것을 관찰한다든지, 친구가 별로 없을 때 자연을 관찰한다든지 하는 경우로, 활동적인 공간에서 다소 구분되어 있는 조용한 구석이나, 약간 높이가 높아서 다른 활동을 조망 할 수 있는 플랫폼, 잔잔한 수경요소 같은 조경요소가 잘 디자인되어 이런 관찰하기에 도움을 줄 수 있을 것이다.

개인적인 놀이(play)와 상호작용(interplay)으로 노는 놀이, 역동적인 놀이와 정적인 놀이, 그 사이의 무수한 점진적인 변화를 어떻게 구성하고 균형을 맞추느냐가 함께하는 놀이터 풍경을 좌우할 것이다. 그 풍경에는 청소년이나 부모, 노인분들 등 다른 세대와의 소통도 당연히 포함되고 놀이터 밖의 도시나 시골 풍경과의 관계도 중요하다. 사실 개별 건축물을 지을 때 건축가들이 고민하고 구상하고 조정하는 방식이 그런 것이다. 한정된 예산과 주변 조건에서도 그 건축물이 가지는 특별함을 끌어내고 그것이 주변 건물, 거리, 도시와 연속된 공공 공간으로서 작동하게 하는 것, 그것을 위해서 다른 디자인 분야의 자문도 얻고, 엔지니어의 도움도 구하고, 공무원과 주민들도 만나고 설득하는 그 과정. 그런 과정이 놀이터라는 건축에 더 단단히 개입되어야 할 것이다.

놀이터 짓기의 방향 6
참여와 과정으로의 놀이터 짓기

최근의 주택설계에서는 이전과 다르게 가족들이 직접 의견을 구체적으로 제시를 하는 경우가 늘고 있다. 건축가는 그런 가족들의 생각을 조금씩 확장 혹은 정리하면서 구체적인 디자인으로 내어놓게 된다. 즉, 내가 모르는 누군가가 내 의사와 상관없이

어린이들이 직접 그려보고 놀이를 상상해보고 실제 사이즈로 구조물도 만들어보는 어린이 건축 과정. 사진 필자 제공

만들어놓은 공간에 맞춰서 살려는 사람보다는 나와 이야기를 충분히 나누어 교감을 이룬 건축가가 자신의 집을 지어주기를 원한다는 것이다.

마찬가지로 어린이들을, 만들어져 있는 놀이터에 와서 어른의 기대에 맞춰 단지 놀고만 가는 수동적인 존재로 머물게 하지 않게 하는 것이 어쩌면 놀이터 이슈에서 가장 중요한 것일지 모른다. 건축가나 디자이너 혹은 조경가가 놀이터를 구상할 때 그 지역의 어린이들이 워크숍 형태로 직접 생각을 만들어내고 참여할 수 있게 하는 것이 바람직하다고 생각한다. 어른들의 머리로는 아이들의 무궁무진한 시나리오들을 다 예측할 수 없다. 몇 가지 형태들과 재료들 혹은 사진들을 아이들에게 제공하여 그들이 꿈꾸는, 바라는 놀이터를 시각화하거나 만들어보게 할 수 있을 것이다.

그 놀이터를 직접 이용할 어린이뿐 아니라 그 단계를 살짝 벗어난 청소년, 그리고 대학생 들이 어린이들의 입장에서 생각해보고 상상해보고 구상해보는 것도 아이들의 상상과 어른들의 현실 사이에서 놀이터 짓기의 중요한 역할을 할 수 있을 것이라 생각한다. 그 세대들이 자신들의 동생 세대를 위해 구상하고 상상하고 만들어보는 것은 세대 간 교류뿐 아니라 애착을 가질 수 있게 하는 방법이기도 할 것이다.

놀이터는 움직이고, 놀고, 배우고, 함께하는 아이들과 자란다

아무리 건축가가, 그리고 디자이너가 잘 설계하고 놀이터를 짓는다고 해도 완벽한 놀이터는 존재하지 않는다. 어쩌면 자연 자체가 아이들에게 가장 좋은 놀이터일지도 모른다. 그러나 도시 혹은 동네의 일상생활에서 어린이들이 자연을 쉽게 접하고 마음껏 놀 수 있는 것은 쉽지 않다. 대신 건축가, 조경건축가, 디자이너, 그리고 청소년들이, 어린이들이, 열심히 머리를 맞대고 정성스럽게 노력하여 지은 놀이터는 자연 대신 아이들이 성장할 수 있게 도와줄 것이다. 그러기 위해서는 물리적인 놀이터 환경 자체만 잘 지어져서는 되지 않는다. 아이들이 마음껏 놀 수 있는 시간을 허락하는 어른들 그리고 사회적 분위기가 또 다른 놀이터 짓기의 중요한 건축가 역할을 할 것이다. 그리고 그 안에서 움직이며, 놀고, 배우고, 함께 뛰는 아이들이 놀이터를 짓고 변하게 하며 자라게 할 것이다. 놀이터라는 사건이 그들의 삶에 기억되고 그들이 그렇게 자라는 것처럼. ●

"모든 어린이는 충분히 쉬고 놀 권리가 있습니다."

−유엔아동권리협약 31조

놀이가 아이를 바꾼다

초판발행	2016년 6월 30일
1판 3쇄	2019년 12월 9일
저자	김민아, 김차명, 김청연, 이영애, 이희원, 지정우
책임 편집	서대종, 조은형, 무라야마 토시오, 김지은
펴낸이	엄태상
디자인	박경미
마케팅	이승욱, 오원택, 전한나, 왕성석
온라인 마케팅	김마선, 김제이, 조인선
경영기획	마정인, 조성근, 최성훈, 김다미, 전태준, 오희연
물류	유종선, 정종진, 최진희, 윤덕현, 신승진
펴낸곳	시사일본어사(시사북스)
주소	서울시 종로구 자하문로 300 시사빌딩
주문 및 교재 문의	1588-1582
팩스	(02)3671-0500
홈페이지	www.sisabooks.com
이메일	book_japanese@sisadream.com
등록일자	1977년 12월 24일
등록번호	제300 - 1977 - 31호
ISBN	978-89-402-9197-9 13590

*이 교재의 내용을 사전 허가없이 전재하거나 복제할 경우 법적인 제재를 받게 됨을 알려 드립니다.
*잘못된 책은 구입하신 서점에서 교환해 드립니다.
*정가는 표지에 표시되어 있습니다.

나가서 놀자!

한국 어린이가 하고 싶은 바깥놀이 50가지 +2

+2

둘 가운데 뭐든 상관없어요.
50가지에 이 두 가지 놀이를 더해 52가지 놀이를
알려줘도 좋아요. 그래도 좋겠죠? 두 번째 꿈은요?

- 이 순간에 50가지보다 더 하고 싶은 것이 있다면 무엇인가요? 하고 싶은 놀이 이름을 적어 보세요.
- 처음∼마지막 기분은 어떤가요?

한국 어린이가 하고 싶은 바깥놀이 50가지

1. 까르르 신나게 달리기
2. 검중검중 한 발 뛰기
3. 꼬마야, 꼬마야 줄넘기
4. 꼭꼭 숨어라 숨바꼭질
5. 짱짱 돋보기로 글자나 나뭇잎에 구멍 만들기
6. 꽃이나 잎사귀로 얼굴 만들기
7. 나 살아봐라 술래잡기
8. 무무무
9. 엿가게 닥지치기
10. 놓이터 그네타기
11. 잔지 뜨자 비석치기
12. 동물이 모이면 공기놀이
13. 꽁꽁, 꽁꽁, 꽁꽁 꽁꽁
14. 두둥실 풀어 나뭇잎 배 띄우기
15. 돌이 앉아 종이 비행기 날리기
16. 무궁화 꽃이 피었습니다
17. 무궁화에 구불에 별명 짓기
18. 버스야 버스야 낙엽 달기
19. 발갛게 붉숭이 물들이기
20. 보슬보슬 스르륵 손으로 바닥 닦기
21. 이슬방울 구슬 담고 가기
22. 아스팔트 길이 깊이가가 비빈 땅 밟기
23. 뽈뽈뽈 아이스 발자 맞지 않은 듯 눈 밟기
24. 중얼중얼 흙더미
25. 찰바닥 찰바닥 빗물 막기
26. 펑펑펑 눈 맞으며 걷기